Yameta!

ダイエット美容家
本島《もとじま》彩帆里《さおり》

がんばれない私を
180度変える

やせる
#ほめぐせ

やせたい。
やせたら、きっと、毎日がイキイキする。
やせたら、もっと、毎日が楽しくなる。

私は、ずっとそう思ってました。

「いつかの私」は、
きっと、もっと、
幸せになれるはず……

でも、気持ちとは裏腹に
ダイエットがうまくいかず
自分を責め続けていました。

出勤途中に、カフェラテの生クリームのせ？
「そんなぬるい調子じゃ、憧れのあのスタイルにはなれないよ！」

あ〜あ、またそんなに食べちゃったの？
「彼とケンカしたから、ストレス発散で食べちゃった」って、
いつもまわりに言い訳ばかりで自己嫌悪……。

そして、また振り出しに戻ってしまうのでした。

努力して、
我慢して、
がんばって、
停滞期で凹んで、
それでも踏ん張って、でもまた戻る。
こんなにがんばっても、「やせた」という結果が出なければ、
「今の私」を責め続けます。

仮に、やっとの思いでやせても、何かの拍子にリバウンドすれば、

「何やってんの！」

「せっかくやせたのに、何もかも台無しじゃん!!」

と、たちまち「今の私」は完全否定されてしまう。

それって、すごくつらくて、すごくしんどい。
だって、自分で自分を責め続けているから。
いつも見えない刃で、心の奥深くをえぐり続けます。

我慢できない、ダメな私。
言い訳ばっかりする、ダメな私。
根性なしの、ダメな私。

こんなふうに、自分でダメなレッテルばっかりをせっせと貼ってたら、
「いつかの、キラキラしている私」からも、どんどんかけ離れてしまいます。
自分のことも、どんどん嫌いになってしまう。

ついこの間までの私も、そうでした。
やせたくて、やせたくて、でもやせられなくて、
「どうして、こんなに意志が弱いの！」とイライラしたり、
「なんで私は、細くてキレイなあの子のようになれないの？」と
人と比べて悲しくなったり、コンプレックスだらけの不幸な私。
醜い自分のことが大嫌いでした。

だけどね。

自分が嫌いでしかたがなかったとき、
職場の紹介で、心理カウンセリングを受けたんです。

カウンセラーさんに
こんな言葉をかけられて、
心がすごく軽くなりました。

「お話を聞いていると、
コントロールできないのは
自然なことだと思いますよ。

それだけガマンしてたら食べたくなりますよね。
食欲は、生きるための欲求だから。
食欲を感じられなくなったら
病気になってしまいますよ」

カウンセラーさんは、こんな質問をしました。

「もし分かるなら、教えてください。
ごはんを好きなだけ食べたいと思う自分は
いくつくらいの自分ですか?」

その瞬間――
私の中に、3歳くらいの小さな自分が浮かびました。
私は初めて、大人の自分の中に、
もう1人の小さな自分がいるのを見つけました。

大人の私とリトルさおり。
私たちは、
長い間、一緒に生活していたのです。

でも、大人の私はまったく気づいていなかったので
リトルさおりの声が聞こえず
「食べたい!!」「ほしい!!」というリトルさおりの声も
全部ムシして、我慢ばかりさせていました。

だから、たまにリトルさおりは暴れ出します。
「もうできないよ〜!」と叫んだり、
おやつを我慢してる私に向かって
「疲れた! チョコレート食べたい!!」と訴えかける。

そう。あのとき、我慢できずに食べすぎてしまっていた私は、
大人の私ではなく、リトルさおりだったのです。

大人の私は、カウンセリングを受けて、
リトルさおりと少しずつ仲良くしていくことが大切だ
ということに気づいていきました。

Story

小さい子どもが、喜怒哀楽むき出しにして
大騒ぎしたり、すねたりするのは自然なことです。

それが分かるようになって、
「そうだよね」と、リトルさおりを抱きしめ、
落ち着いてきたら、
「どうしたいの？」と、優しく聞くようになりました。

優しく聞くと、
リトルさおりはモジモジしながら、
してほしいことや
ほしいものを教えてくれるようになりました。

それを大人の私が手に入れたり、
実行すると、リトルさおりが喜ぶだけでなく
大人の私も、
「あ、私って、いろいろできるじゃない」と
自信を感じられるようになっていきました。

努力しないで、ワクワクする幸せなダイエットを叶える「ほめぐせ」の法則

こんにちは！ダイエット美容家の本島《もとじま》彩《さ》帆《お》里《り》です。

先ほど少しお伝えしましたが、私は、自分の中にいるもう1人の自分「リトルさおり」を見つけて、よい関係を築けるようになった頃から、食事に気をつけたりセルフケアが継続的にできるようになり、1年3か月で20キロのダイエットに成功しました。

ダイエットに、ムリな努力や根性は一切不要——。

私にとって、「目から鱗《うろこ》」だったことを気づかせてくれたのは、当時、働いていた職場で紹介してもらったカウンセラーさんでした。

その人に、私らしくなっていくプロセスをサポートしてもらいながら、私の中にいるもう1人の自分、リトルさおりを見つけました。

リトルさおりが「食べたい、できない、もうイヤだ！」と騒ぐときに、いかにその思いに寄り添い、彼女が望んでいることを教えてもらい、大人の私がそれを満たしてあげられるのかを考えて、実行していく。これができるようになって、ダイエットもうまくいくようになったんです。

それまでの私は、ダイエットが思うように続かなくて、結果につながらず、ちょっとやせても、リバウンドしてしまう。その繰り返しでした。「どうしてこんなにダメなんだろう」と、いつも自分を責めていました。

そんな私だったので「**自分ができたことを認めたり大切にしていく**」こ

となんて、私の辞書にありませんでした。

私がダイエットを始めたのは、中学生の頃からでした。「足が太い」ことがすごくコンプレックスだったからです。

肌が白かったこともあり、「白ブタ」と呼ばれることもありました。

そんなあだ名、いいわけないのに、「私って、どうせその程度だから」って、自虐的に笑って受け入れていました。

鏡を見てはため息をつき、「今日もがんばれてない私」に軽蔑《けいべつ》の目を向けて、「なんでやせないの！」とムチ打つ日々。

「いつかの、キラキラした私」になりたいのに、なかなか到達できず、いや、むしろ、どんどん遠ざかるばかり……。心はヘトヘトでした。

今、振り返ると、そんなふうに追い詰めてばかりいて、なんて自分にひどいことをしてたのかなって、申し訳ない気持ちでいっぱいになります。

「リトルさおり」の存在を知ってからは、彼女が騒ぐとき、彼女に寄り添い、彼女の声を聞き、大人の私がそれを実現できたことを、「私って、できてる」と認めてあげられるようになりました。

私は、これを「ほめぐせ」と呼んでいます。

「リトルさおり」と上手に付き合っていくことは、「今の自分」をそのまま大切にすることにもつながっていきました。

そうなると、がんばれなくても、自分のことを責めたり、否定しなくなります。

「今日1日予定通りじゃなかったよね。まあ、そんな日もあるよね。今日はひと休みの日にしようか」

こんなふうにリトルさおりと会話するようになって、気づいたら、「今の自分がしていること」を認めて受け入れられるようになり、その頃から、いい習慣を増やすこともでき、体重もするすると少しずつ落ちていったのです。

それ以外にも、

風邪をひきにくくなって、体力もついた。

お通じもよくなって肌荒れも改善した。

あれほどつらかった生理痛もなくなった。

……など、身体的にも、リトルさおりにもいいことずくめでしたが、何より、メンタルが大きく変わりました。

リトルさおりと出会い、一緒にダイエットを続けたおかげで、私という存在を大切に思えるようになっていったのです。

イヤなことがあったら、イヤと言えるようにもなりました。

毎日を楽しく過ごせる自分になっていきました。

人生の質が、明らかに大きく変わり、そして今も変わり続けています。

みなさんは「リトル自分」がいることに気づいていますか?


あれは、ダメ。これも、ダメ。

あれは、しなきゃダメ。これも、しなきゃダメ。


そう思うことがあったら、探してみてください。〝小さな自分〟を……。

がんじがらめになって、「もうヤだ!」と大泣きしているかもしれません。

本書では、大人の自分と小さな自分のよい関係の築き方、大人の自分ができていることをできていると認める「ほめぐせ」の秘訣《ひけつ》を、私の体験を交えながら詳しくお話させてください。

「ほめぐせ」はあなたらしくなれる第一歩です。ツラいダイエットを卒業し、よりなりたい自分へ近づいていけると思います。

目次

Chapter 1

なぜ、あなたの
ダイエットは
いつもうまくいかないの？

ダイエットって、厳しい自分が出てきやすいです。

「ストレッチするの忘れた。
今日こそはしようと思ったのに……」
「パン食べちゃった……。
この時間にパンは食べないって決めたはずなのに……」
「疲れたから、甘いモノに手が伸びちゃう。
今日は甘いモノは食べないって決めたはずなのに……」
決めたことができない私って、ダメだぁ……。

プリン
ICECR

こんなふうに、「やっぱり、できないダメな私」を
強化する証拠は、いっぱい出てきます。
しかも、1日に何度も「できないダメな私」を認定する。
「やせたら、もっと自分に自信が持てるかも、
キラキラした私になれるかも」と
大きな期待を抱いてダイエットを始めたはずが、
できない自分を見つける達人になっていく……。

ダイエットが、どんどん
「全然できない」になってしまいます。

こんなはずじゃないのに……。
どうにもならない……。

ダメな私
できない
できない
できない

それがひどくなると「何もできない自分」から
「価値のない私」に変身してしまう。
ここまでボロボロになると、
顔は笑ってるけど、ダイエットはストップしてしまいます。
暖かい季節になってくると、また焦り、
アクセル全開でムリな食事制限とムリな目標を立て、
あっという間に撃沈する。
その繰り返し……。

ダイエットがすべての私は、自信ゼロの私になっていく

ダイエットを始めたのに、思うようにやせない。

せっかくやせても、リバウンド。

そのときに感じる言いようのないイラだち、焦り、悔しさ、情けなさ……。

とにかく、このつらい気持ちから抜け出したいー！

私は、カウンセリングを受けてありのままの自分に気づいていく中で、自分で自分を「やっぱり、できないダメな私」と否定する苦しさが、大きく、深く関わっているのではないかと分かりはじめました。

ダイエットが進まないと、「計画通りにやらないからやせられないんだよ。やせない私は、ダメに決まってるじゃん！」とたたみかけてきます。

そして、「前も、ダイエットに挫折《ざせつ》したよな」と過去の失敗した自分を掘り起こし、「また食べすぎてる」と今の自分を責めたてます。

「できない結果」が次々に重なって、「できないダメな私」＝「自信ゼロの私」になっていきました。

そんなことが続けば、その間、ず～っと自分自身を否定しますから、イライラするし、情けなくなる。情緒も不安定になって、「自己管理すらできない、どうしようもなくダメな私」と、最低の私のできあがりです。そして、どうせできないからとキレイになることすらあきらめそうになります。

私は、中学生の頃から肌荒れがひどくて、こっそりファンデーションを塗らないと学校に行けないほど。自分のあれこれにコンプレックスがあり、まわりと比べては、「私ってサイアク……」と、最低の私で生きていました。

「がんばりすぎ、努力しすぎ、気合い入れすぎ」

何でも入れすぎが失敗の秘訣

その頃の〝最低な私〟は、誰かに「かわいいね」とほめられてもまったく喜べず、「それ、イヤミ?」と皮肉に受け取ったり、「何か目的があってほめてるのかも」などと勘《かん》ぐってしまうことがありました。

外から見ると、スネてひねくれていたと思います。

ダイエットがうまくいかないたびに、この傾向は強くなりました。「かわいいね」と言われても、「かわいいわけないじゃん。太ってるんだから!」と、太っている自分が自信満々に言っていました。心の中で。

「白ブタ」と呼ばれていた時代も、「かわいいね」って言われても、「え?なんで? 足だってこんなに太くて、顔も大きくてブスなんだよ?」というのが、当時の私の自己イメージでした。社交辞令や、ほめ言葉を言われるたびにコンプレックスが刺激されて、逆に痛烈《つうれつ》に自分へダメ出し。

そんな人がダイエットを始めたら、どれだけ自分を否定するか想像がつきますよね。「がんばりが足りないよ」「そんなこともガマンできないの」「ちょっとは努力しなよ」とできない自分を責めまくるのです。

そんなダイエット、しんどくないですか?

私はしんどすぎて、いつもうまくいかなかったのです。

でも、**この本を読むとダイエットへの、がんばりすぎ・ガマンしすぎ・気合い入れすぎ・努力しすぎ・何でもやりすぎがうまくいくという見方がガラリと変わるかもしれません。**私がダイエットを続けられるようになって、やせた経験から役に立ったことを、みなさんにも知ってほしいと思います。

「自分ファースト」が成功の秘訣。それは自分に優しく接すること

自分を責めて否定、そしてもっとがんばる。私はこの「自分に厳しい」方法でいつもダイエットに失敗していました。うまくいかないと、その焦りから、ますます「やせなきゃ！」というプレッシャーをかけ、結局破滅して終わる。「いつかの理想の私」を追い求めていたはずが、現実は、「最低な私」を育んでいました。

でも、その真逆の方法があったんです。**それが、「今の私」に優しく接する「自分ファースト」のダイエットです。**やせるだけじゃなく、できる自分を見つけて、さらにもっと、できるようになっていく方法を私は発見しました。

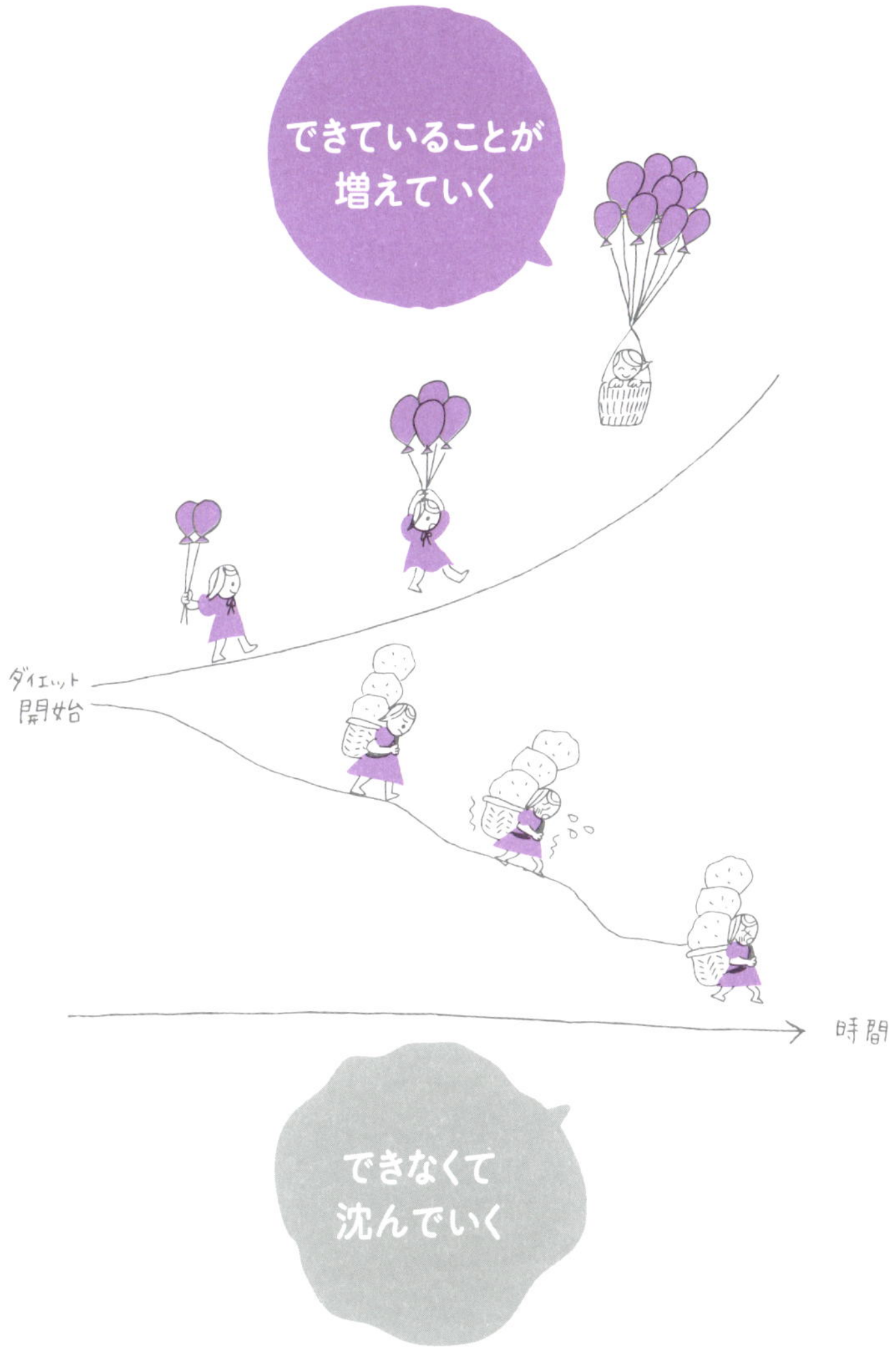
できていることが
増えていく
ダイエット
開始
時間
できなくて
沈んでいく

ほめぐせで、「自分ファースト」

「自分ファースト」のダイエットとは、自分ができていることを認めていくダイエットです。**「認める」とは、できていることを見つけて、「私ってできてるじゃん！」と、それを認めていくこと。**ダイエットすると、「なんでこんなことも続かないの！　やっぱりできないダメな私」と凹むことがあります。絶望的な気分の自分に、すかさず、「できてるところもちゃんとあるから大丈夫だよ」と優しく寄り添い、そのうえで「できていることを始めたらいいよ」と励ましてあげる。これを続けると、できていることが習慣になっていきます。

「できていることリスト」を作ってみよう

できることを認めるダイエットをサポートしてくれるのが、「できていることリスト」です。下の例を参考に、どんな小さなことでもいいので、できていることを書き込んでリストにしてみましょう。できていることがたくさん書かれているのを見直すと、「私って、できてるじゃん」と実感できるようになりますよ。

（例）

- 昨日はスイーツをナッツに替えられた
- 毎朝歯磨きしながらエクササイズできてる
- さっきコンビニでジュースをお茶に替えられた

• Column •

春雨スープや、野菜ジュースなど……。がんばりやさんの習慣、それ、ホントかな？

　ダイエットを始めたとたん、お昼は、カロリーの低そうな春雨のカップスープとサラダと野菜ジュースだけ……という食事ですます人はけっこういるかもしれません。

　やせるイメージがあるその習慣には、落とし穴がひそんでいます。例えば、春雨のカップスープだけだとおなかが空きますよね？ それを我慢すると、間食したり甘いものをたくさん食べてしまい、結果的に糖分や塩分を多くとってしまいます。

　野菜ジュースやヨーグルトなど体によさそうと思ってとっているものでも、糖度が高いため、必要以上の量や糖分を摂取してしまうことも多いです。

　食べ物や飲み物を手にするときはパッケージを見ることが多いと思いますが、実際にその食品の内容は裏の『原材料表示』に書いてあります。

　食材や飲み物も裏の表示を見て、何で作られているものかということを確認する習慣づくりはとても大切だと思います。

　ダイエッターが“常識”だと思っていることも、実際は気づかないところで上手くいかない原因になっているかもしれません。あなたが普段手にしているものが自分に合っているかどうか、一度見直してみましょう。

Chapter 2

私たちが
食べすぎてしまうのには、
理由があるのです

とりあえず、夏までに5キロやせよう。
夕飯抜くことから始めようかな。
あと、炭水化物はなるべく食べない!!

いつもの通勤路を歩いていると、リトルさおりが話しかけます。

「お菓子食べたいよ〜」

「ねえねえ、いつもコンビニ寄るのに、どうして今日は行かないの?」


そりゃ、ダイエット始めたんだもん。我慢、我慢……。

その夜はドカ食いで自己嫌悪。

そして別の日。夕飯、早めに終わらせた！このまま寝ちゃおう。


「おなかすいた」

ご機嫌ナナメなリトルさおりの声で、なかなか寝られません。

その声をムシしても、リトルさおりはおさまりません。

「おなかすいたー!!」

大人の私は前の日のドカ食いを思い出し、
リトルさおりの声を聞くことに。
お米はダメだけど、みそ汁なら大丈夫かな。
うっすら罪悪感を抱きつつ、具なしのみそ汁を飲んだら、
2人とも落ち着いてぐっすり眠れました。
リトルさおりの声を聞き、どちらも満足できました。

食事制限をしてがんばっていると、
我慢、我慢の連続。
ときどき発作のようにドカ食いしたくなってしまいます。

それは、リトルさおりの声を
ムシし続けたから。

ムシされ続けたリトルさおりは、その怒りとともに、
スイッチが入ると癇癪《かんしゃく》を起こして食べまくります。
だから、お菓子を買って一気食いしてしまうのです。

家にあるものを全部、これでもかというくらいおなかに入れていきます。

リトルさおりは、一番我慢させられていたことを、
絶妙のタイミングで行動に移します。

そのとき、大人の私はどこかに行ってしまい、
止める人がいなくなって、めいっぱい食べてしまうのです。

リトルさおりの声をムシし続けると、
「食べたい」スイッチが自動的に入ります。
ムシせず、何が必要かを聞いてほしいのです。

Story

ダイエットを始めて1か月。
体重計に乗ってみました。

あれ……!?

1キロしかやせてません。

あの頃の私は、必要以上の結果を求めていたのでガックリ。
でも、自分ファーストになったら
「え、1キロ体重落ちてるじゃん。
よし、次の1キロに向けてどうしようか考えよう」
と思えるようになりました。

昔はＳＮＳをのぞいてみると、
他人のキラキラした身体や生活が目について、
悲しくなることがありました。

そんなときに限って、ポテトチップスを食べている私。
食べながら、できない自分を責めたてていました。

自分ファーストになった今は、ＳＮＳを見ても、
キラキラしてすごいなあとは思うけど、
「私もがんばろう。でも、今日のごはんもおいしい」
誰かと比べず、私は私のペースでＯＫになっていきました。

リトルさおりは、あなたの中にいる、小さい自分

この本の冒頭でもお伝えした通り、私は、カウンセラーさんに出会って、自分の中にもう1人の自分、「リトルさおり」がいるのを見つけました。

リトルさおりは、生きるために何が必要かを知っている自分です。

ダイエットしてるときは、普通に食べたいという欲求をコントロールして生活しています。だから、「疲れたよ」「おなかすいたよ」と、しきりに話しかけ、ときに泣きながら「ごはん食べようよ‼」と訴えてきます。

その声をムシし続けると「もうイヤだ‼」とスイッチが入り、大人の私はどこかに行ってしまい、めいっぱい食べてしまいます。大人の私より、**リトルさおりのほうが生きる力が強いのです。**

今までの私は、リトルさおりを「うるさい！」と抑えつけていました。でも、抑え続けていると、ある日突然、リトルさおりの力が爆発して大人の私がいなくなり、お菓子やら何やら一気食いしていました。

だけど、ほめぐせが板についてからは、「イヤだよね〜」「疲れたね〜」と、小さい子どもに寄り添うように「どうしたの？」と会話するようになりました。

そして、リトルさおりのほしいものを聞いて相談していると、リトルさおりは落ち着いてきて、必要以上に食べなくてすむようになりました。

あなたの中にも、リトルさおりのような小さな自分「リトル自分」を見つけることができるかもしれません。

その小さな自分が「食べたい」と騒いだときは、まずはその食べたい声を聞き、そのうえで、「どうしようか？」と優しく相談してみてください。

リトルさおりが騒ぐ人と、おとなしい人。その差は、リトルさおりとの関係性の違いです。

リトルさおり（リトル自分）は、誰の心の中にもいると私は思います。
ただし、リトルさおりがイライラして騒いでも、ドカ食いに走らずにすむ人もいます。そういう人は、リトルさおりが「食べたいよ〜！」と望んでも、大人の自分が「はいはい。食べたいんだよね。どんなものが食べたい？」と聞いてあげて、2人で相談して身体も喜ぶ食べ方にしていきます。

ドカ食いに走る人、走らない人の分かれ道はリトルさおりとどう付き合うかにかかっています。

感情豊かなリトルさおりに
なんて声をかけてあげますか？

ちょっと具体的に考えてみましょう!

ついつい「厳しい大人の自分」が優位に

自分に厳しい人は、

「なんで、そんなこともできないの！」

「どうして食べちゃうの！」

とできない自分を強く責めてしまいがちです。

責められると、「ダメな私」が強くなって、
自分への評価も低くなるばかり。
それは同時に、リトル自分も強く責めているのです。

「優しい大人の自分」で包んであげられる

自分に優しい人は、
食べすぎちゃっても
「大丈夫だよ。そんな日もあるよ」
と、優しく声をかけてあげられます。

どんなときも、自分のやりたいことや
気持ちに寄り添える。
それが自分を大切にするということです。
それは同時に、リトル自分にも優しくしているのです。

ドカ食いしちゃう
「厳しい大人の自分」

自分を認めない、ほめない人は、
リトルさおりが「食べたいよ」と言っても、
ムシしたり、
「ガマンしなさい」と叱ってばかり。
抑えつけられた我慢はいつか爆発し、
それはドカ食いで現れることがあります。

「優しい大人の自分」は、楽しく食事できる

自分を認める、ほめる人は、
リトルさおりが「食べたいよ」と言ったら、
それをいったん受け止めてから、
どうするか考えます。

リトルさおりも納得の食事ができるので、
おいしく、楽しくいただけるのです。

できない自分を責める達人と、リトルさおりと仲良くできる自分。あなたはどちらになりたい？

リトルさおりが、「食べたいよー！」と訴えかけてきたとき、あなたは、どちらの自分で対応したいですか？

（1）「うるさい！　我慢して!!」と抑えつける。

（2）「そっか。おなかすいたんだね〜。何食べたい？」と話しかける。

前者の人は、できない自分を責める達人。

そういう人は、すごくがんばっている人かもしれません。がんばるからこそ、100％を目指して早く結果を出そうとするので、0か100かで判断しがちです。ちょっとでも食べすぎれば、「なんで食べちゃうの！　どうして自己管理できないの！」と自分を強く責め、「ダメなできない私」と自分を否定します。それが爆発すると、衝動的にドカ食いしてしまいます。

後者の人は、自分ファースト。リトルさおりの声が聞ける人です。がんばる自分をねぎらえる、できている自分を認めることを知っている。だから、リトルさおりが、もうイヤだと叫べば、「イヤだよね～、少し休もうか！」とその気持ちに寄り添えます。そのうえで、「じゃあどうしようか？」と考えられるので、結局、ドカ食いしにくい。**0か100ではなく、できていることはOK、そうでないところは、じゃあどうするかを考えて行動できます。**

楽しいときは誰でも快い気分で過ごせます。肝心なのは、そうでないときです。凹むことがあったら、ちゃんと凹む。凹むから元に戻れます。私は自分ファーストになって、それが分かるようになりました。

まわりの「こうあるべき」に応えていると疲れてしまいます

仕事が忙しいとき、彼とケンカしたとき。毎日生活していれば様々な場面でストレスを感じ、それが積もると、人によってはドカ食いに走ってしまいます。

ストレスがたまる原因を探ってみると、自分を否定された気持ちになった、我慢を強いられた、認めてもらえなかったなど、上司、彼氏、家族、友達、自分の「こうあるべき」に応えようとして疲れてしまったのかもしれません。必要以上にまわりに振り回されず、そのときどきで、自分はどうしたいかを考える「自分ファースト」のくせをつけたいですね。

まわりの目やまわりの人の常識に ひっぱられてない?

職場で言われた「これだから女は～」「女はこうあるべき」という押し付け

女友達からの何気ない「え～太ってないよ!」「あなたらしくないからやめときなよ」という足のひっぱり合い

「他人ファースト」

家もキレイで子育ても女としても完璧なキラキラママのSNS投稿

母親からの「早く結婚しなさいよ、いい年なんだから!」という親の中での常識や理想話

彼や友達からの「〇〇ってこうだよね」という勝手な決めつけ

自分がどうしたいかに気づけると まわりの声にひっぱられすぎず、 あなたらしい一歩が踏み出せます

さおり式

私の体と心の休め方

私は、仕事に集中して疲れたとき、深呼吸で一息ついて休息しています。このとき、カウンセラーさんに教わった、心と体を一緒にゆるめることができる呼吸法を使うこともあります。

やってみよう

1

自分が楽に座れる場所に座って（目は閉じても閉じなくてもどちらでもOK）、鼻からの空気の出入りに注意を向けます。**このとき、呼吸を整える必要はなく、体にそのまま呼吸をさせてあげてください。**

2

呼吸に意識を向けたまま、**両手をそれぞれ「胸」「胃のあたり」「おへその下あたり」にあてて、手がしっくりと収まる場所を見つけます。**そこに手をあてたまま、体で自分の手の感覚を感じていきます。

3

自分の中に浮かんでくる考えや感じていること一つ一つに気づいていきます。自分がこんなことを感じているんだ～と確認したら、何か入れものに入れたり置き場所を作って、浮かんだことを一つ一つその入れものに入れていくようなイメージをしてみてください。

4

体の感覚を感じながら自分の中に浮かんでくる考えや感じていることを一つ一つに気づいていきます。こういう考えがあるんだな、こう感じているんだなと、一つ一つ確認して置き場所に置いていきます。

5

落ち着いてきたら、その落ち着いた感覚を大切にして、今はこれくらいで十分だと思ったところで（目を閉じている人はここで目をゆっくり開けます）、最後に鼻から大きく息を吸って「フーーー」と声を出しながら大きく息を吐きます。その後、ゆっくりと周囲を見渡して、目に入ってくる心地よいものを見つけたり、景色を見たりしながら、心地よい体の感覚を大切に、少しゆったりした時間を過ごします。

そうしていると、自然と何かしたくなったり、体を動かしたくなってくると思います。その感じが出てきたら終了です。そこから動き出しましょう。

「疲れたー」
「おなか減ったー」
「チョコ食べたい」

じゃあ、ひと休み。
チョコレートを半分だけ、
食べようか……。

もうすでに
できていること、
けっこうありませんか？

• Column •

魔法の付箋「それ、何のためだっけ？」

そもそもダイエットをするのには、「やせて、あのかわいい服を着たいな」などの具体的な目的があるはずです。

でも、毎日生活していると、その目的をすっかり忘れ、「甘いモノを我慢するのイヤ！」「もう、疲れた。食べちゃおう」など、そのときどきの"食べたい衝動"に引きずられたり、我慢してることばかりをクローズアップしたりしてしまいます。

そんなとき私が活用しているのが、「それ、何のためだっけ？」と一言メモした付箋《ふせん》です。これを、ノートパソコンを開いた画面の端や、机の隅などに、あらかじめペタペタ貼っておきます。

すると、「甘いモノが食べたい」と思ったとき、「それ、何のためだっけ？」という付箋が目につくので、「あれ？ ホント。なんで、甘いモノを控えめにしてるんだっけ？ そうだ。ダイエットして、あの服が着てみたかったんだよね」と、そもそもの目的に立ち返ることができます。

「それ、何のためだっけ？」の一言で、「あっ」と気づいて、いったん我に返ることができるので、自分はどうしたいのか見つめ直すきっかけにもおすすめです！

Chapter 3

ダイエットは、ゆるゆるぐらいがちょうどいい

Story

ガマン、ガマンのダイエットは続きません。


ある日、お寿司屋さんの近くを通りました。

リトルさおりは、大喜びです。

「寿司ランチおいしそう!!」

大人な私も「寿司ランチおいしそう!!」

「今日は、中休みにしよう♪ しゃりは少なめで」

「おいしいね」
お寿司を食べると、リトルさおりも大満足です。

今までは、お寿司を食べた自分を責めていたけど、
リトルさおりの声をちゃんと聞いて
大人の自分は、しゃりを少なめにすることで
2人とも満足できる結果になりました。

「私って、ちゃんとできるじゃん」と
思うことが増えていきました。

大好きなカフェの前を通りました。
カフェラテの生クリームのせは、リトルさおりの大好物。
「わー！　食べたい！」とはしゃぎ始めました。

「そっか。じゃあ、生クリームはやめようか？」と提案すると、
リトルさおりは猛反発。
「ヤダヤダヤダヤダ！　生クリームがおいしいんだから！　絶対ヤダ！」
「そっか、そっか。じゃあ、生クリーム半分に、
カフェラテのシロップ少なめから始めてみようか！」

OK
CUT!
CAFFÈ
LATTE

Story

ダイエットを続けてしばらくした頃、ラーメンが食べたくなりました。
リトルさおりは、ラーメンがいい！　とゆずりません。

「食べたいよね〜。じゃあ、お昼だし、中休みして食べよう。
朝昼晩の3食中の1食！
1食ってことは、あと2食を気を付ければ
立て直しなんていくらだってできるから」

久しぶりのラーメンを、おいしくいただきました。

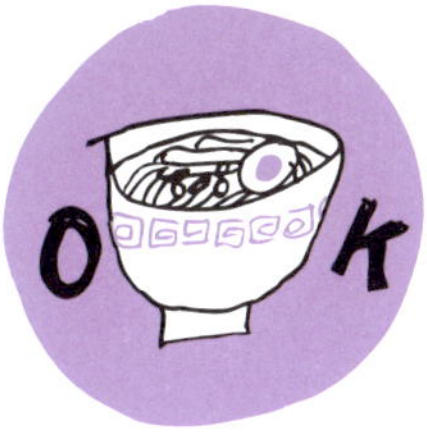

その日の夜――。

仕事から帰って、夕ごはんを作りました。

「お昼にラーメン食べたから、夜は、野菜をたっぷり食べようね」

リトルさおりは、おとなしく、にこにこしています。

「ちゃんと、できてるじゃん、私」

できている部分に目を向けることで、だんだん自信も付いてきました。

リトルさおりの「食べたい」声に耳を傾けてから、
「どうしたい？」と優しく聞く。
リトルさおりと、大人の自分。２人のよい関係を築けるにつれ、
できてる自分を、ほめられるようになっていきました。

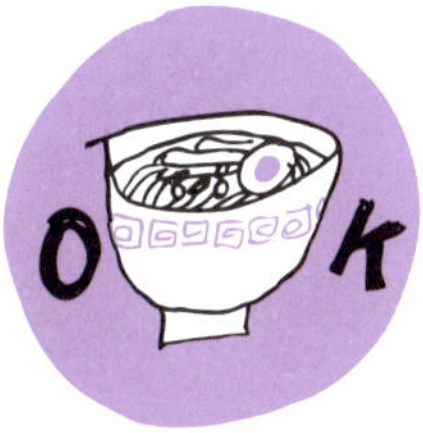

「予定外のランチ？OK。夕飯で挽回しよ♪」

リカバリーと「ほめぐせ」の関係とは？

ダイエットを始めると、ストイックになる人はたくさんいると思います。ライスがっつり、デザートまで食べただけで、「もうダメだ。失敗だ」と振り出しに戻った気になって、ドーンと落ち込んでしまう……。

気持ちは分かりますが、**それって、1日3食あるうちの1食ですよね？** **朝ごはんは、何を食べました？ 夕飯は、どうします？** ね？ こうして一つ一つ見ていけば、1食、予定より多く食べたことは、どうってことないんですよ。全然リカバリーしていけるんです。

こう言うと、「先日は歯止めがきかず朝はパン、昼はお寿司、夜はラーメン。炭水化物ばかり食べちゃった」と言う人もいるかもしれません。

それも、**たった1日のことを切り取っただけですよね？　その前後の日は、何を、どれくらい食べました？**

こんなふうに確認していくと、みなさん、できていることが結構ありませんか？　予定外の1食、想定外の1日ばかりをクローズアップして、「もうダメだ。失敗だ」と判断してるだけなのでは？　できることを認めていくのが「ほめぐせ」です。リトルさおりと仲良くして、大人の自分ができていることを認めていきます。「ランチ、食べすぎた！」と思ったら、「おいしかったね。たくさん食べたね」とリトルさおりを安心させてあげます。大人の自分は、予定外の1食を食べたから、その分、夜ごはんでリカバリーする。こうして2人の関係はどんどんよくなり、自分ができていることを認め、ほめられるようになります。

case 1

仕事帰りに
つい「ごほうびアイス」を
買っちゃうの

↓

アイスもいいけど
身体のことを考えて
無糖ヨーグルト&冷凍フルーツも
試してみては?

「疲れた日ぐらい、デザート食べてもいいでしょ？」

もちろん！　あ、でも、そのデザート、月イチのはずが週イチになり、ほとんど毎日になり……ってことはないですか？

とくに、よく通る道にコンビニがあると、用事がなくてもなんとなく立ち寄り、それが習慣になって、甘いモノを買ってしまいますよね。

甘いモノを食べると、急激に上がった血糖値を下げようとインスリンが大量に分泌されるんです。今度は**血糖値が急激に下がると、低血糖で甘いモノが必要‼　な体になり食べたくなる。それが私たちの体のしくみです。**

でも、いきなり甘いモノ断ちしたら、反動でドカ食いしちゃうのは時間の問題。だから、甘いモノが好きな人は、段階を踏んで様子を見たらどうでしょう。

アイス大好きだった私がダイエット中に助けられたのが、無糖ヨーグルトに、冷凍のフルーツを混ぜて食べるデザート。ヨーグルトは無糖でもフルーツの甘みがあるし、冷凍のシャリシャリ感も楽しめます！

罪悪感も身体への負担も少ない

おいしい「おやつ」

「ねえねえ、甘いモノが食べたいよ〜!!」
リトルさおりがこんなふうに大騒ぎしたら、試してほしい、こちらのデザート。
先ほどご紹介した「無糖ヨーグルト＋冷凍フルーツ」と同じく、
満足感は高いのに、糖質たっぷりのケーキやアイスより、
はるかにダイエットに役立つデザートです!

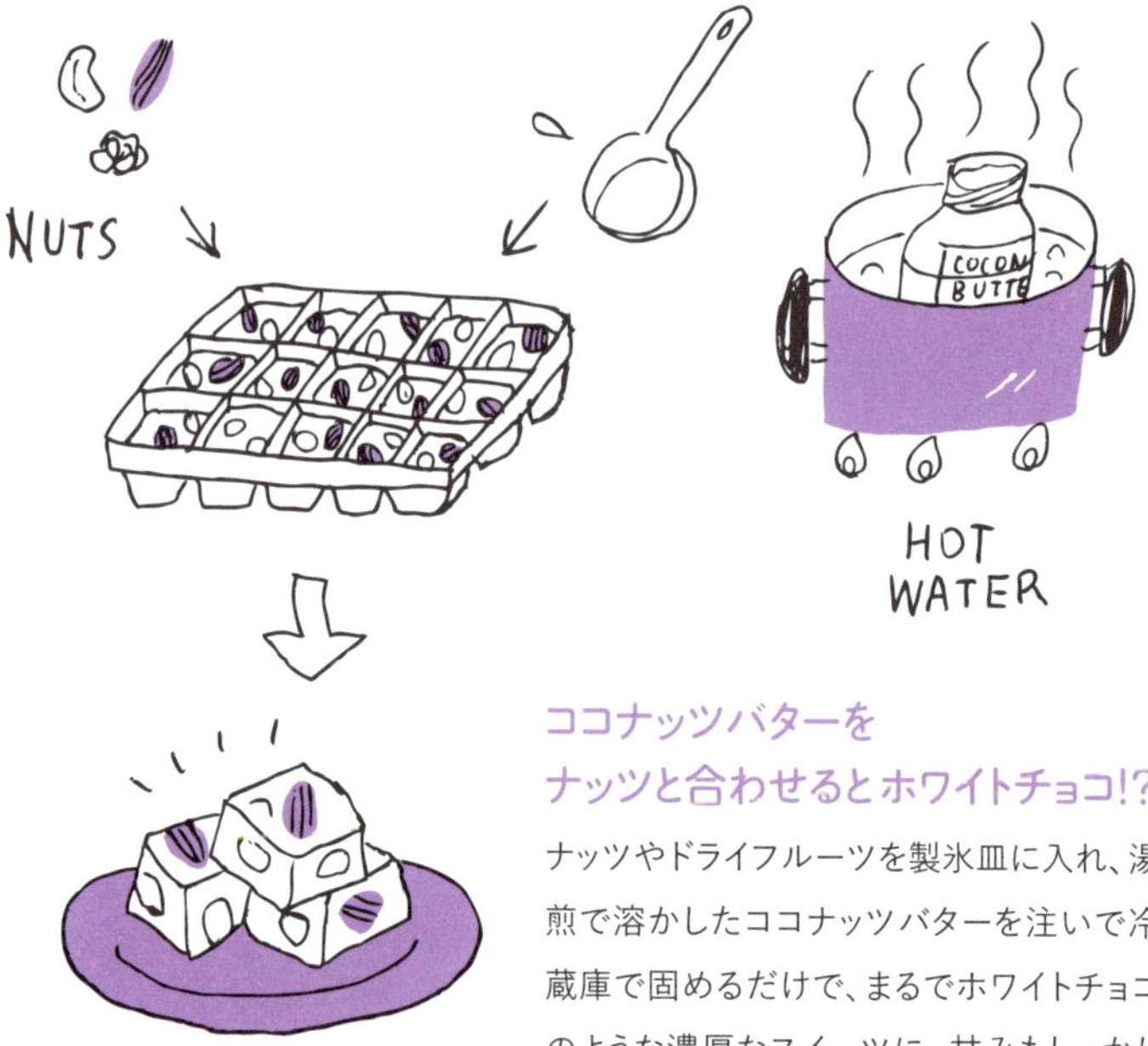

ココナッツバターをナッツと合わせるとホワイトチョコ!?

ナッツやドライフルーツを製氷皿に入れ、湯煎で溶かしたココナッツバターを注いで冷蔵庫で固めるだけで、まるでホワイトチョコのような濃厚なスイーツに。甘みもしっかりあるから、しっかりしたデザートを食べたいときの強い味方!

マスカルポーネ＋ココアは、ほぼティラミス!

食感が濃厚で、高級デザート感のあるマスカルポーネチーズも、ダイエット中のお助けアイテム。これにココアをふりかけるだけで、見た目は、ほぼティラミスです。ココナッツシュガーで甘味を少しつけるとますますティラミスに!

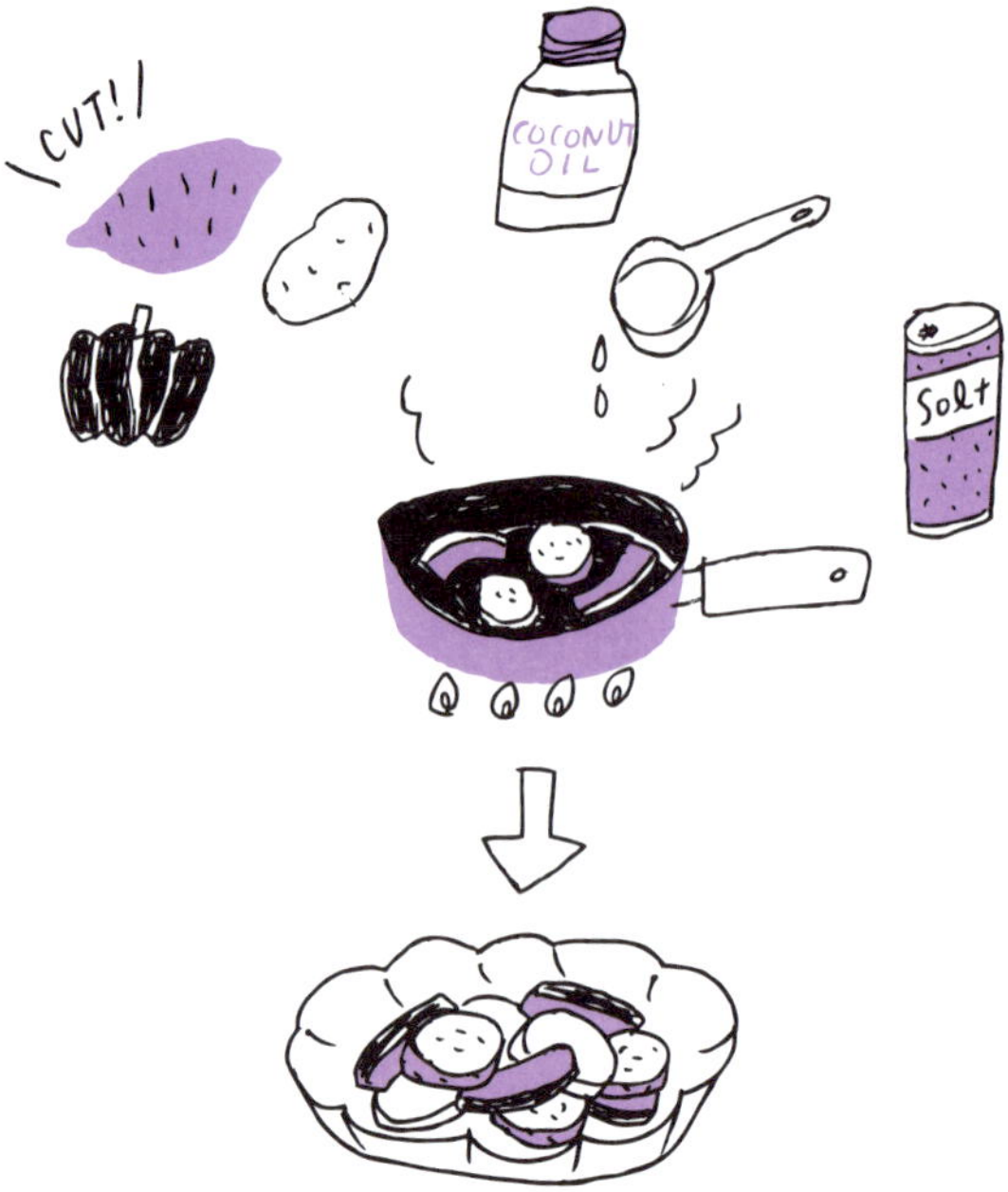

さつまいも、じゃがいも、かぼちゃ。腹持ちもいい、優秀おやつ！

満腹感がほしいときは、さつまいも、じゃがいも、かぼちゃをココナッツオイルで炒めて塩をふった簡単おやつはいかが？ おいもやかぼちゃの甘みも感じられ、腹持ちもいい。エネルギーチャージにぴったりです。

美フードで
ダイエットにおすすめな「テンペ」

インドネシア発祥の大豆の発酵食品「テンペ」。たんぱく質、食物繊維、ミネラル、イソフラボンなどが豊富に含まれ、栄養ばっちり。美フードとして注目されています。テンペ1パックに、クリームチーズ100g、はちみつ小さじ1、クルミ5粒ほどを合わせてよく混ぜるだけで簡単に作れるおやつです。

case 2

先輩から、
スイーツをもらったけど
ダイエット中

食べなくても大丈夫。
喜んでもらえる人に
さしあげてみては?

ダイエット中なのに、先輩や友達からスイーツをもらった。そんなときは、後日、ダイエットしてない友達や家族にさしあげましょう。

「え？ それってひどい。私にくれたものを人にあげちゃうなんて」

そうですか？ **罪悪感を感じながら食べるなら、喜んでくれる方にさしあげるほうがいいと思います。** それに、スイーツ好きな人にさしあげたら喜んでもらえますよね。私は、祖母から「先輩や友達の好意を『ありがとうございます』と感謝して気持ちを受け取ったうえで必要な人や喜んでくれる人にさしあげるのは、失礼にはなりません」と、教えてもらいました。

スイーツと言えば、会社の打ち合わせでお菓子が出る場面に出くわすときもありますよね。みんなが喜んでいる中、「ダイエット中なので、いりません」と断ると、その場の空気に水を差しちゃいそう……。

そんなとき、私だったら？「いただきます！」とおいしくいただいて、その日の夜ごはんはリカバリーを考えて野菜をたっぷりいただくなど工夫します。

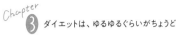

case 3

パンが大好き！
やめられない！
やめたくない!!

ちょっと違うタイプも
試してみては？

私は、小麦粉が入った食べ物は、控えめにしています。小麦粉は、ビタミンやミネラルが含まれる表皮や胚芽などを取り除き、胚乳のみで作られています。精製度も高く、身体に負担になると言われているからです。

「小麦粉がダメなら、パンもうどんもパスタもダメ。食べるものがない！」

私も、そう思っていました！　でも小麦粉を控えても、野菜、肉、魚、卵などたくさんあるし、これらと玄米や雑穀の混ざったごはんを一緒に食べれば、おなかいっぱい。むしろ、身体が軽くなり、健康になりました。

とはいえ、ごはんより断然パン党という人もいますよね。そんな人にとって、「パンをやめて玄米食べろ」と言われるのは、かなり酷《こく》なことです。

ライ麦などが混ざったハードパンを選んだり、甘い菓子パンやジャムを控えるだけでも体は変わると思います。

パスタが好きな人は、こんにゃく麺を使った「禅パスタ」や、栄養素が豊富な古代米を使ったパスタなどにかえても、おいしく食べられますよ。

case 4

ダイエット中
送別会の場所が、イタリアン!
粉ものは避けたいのに!

取り皿にちょこっとずつ盛って
自分だけの
ワンプレートにして
美味しくいただきましょう

歓送迎会をはじめ会社のイベントごと、女子会、彼氏とディナー……。日々の生活の中では、誰かとごはんを食べる機会はたくさんありますよね。

気の置けない人との2人ごはんなら、「ダイエット中なんだ〜」と正直に言って、お店で食べるメニューを選べばいいだけの話ですが、大勢いる場ではそれはしにくい。しかも、場所がイタリアンレストランだったら、パスタやピザが多いので、「炭水化物ばっかり!! カロリーも高そうなものばっかり!!」と、憂鬱《ゆううつ》になる人もいるかもしれません。

でも、せっかく参加するなら、その時間は存分に楽しまなきゃ！

そういうお店では、取り皿をフル活用すればいいんです。

イタリアンなら、サラダ、前菜、肉や魚、魚介のマリネやレバーパテ、合鴨《あいがも》やアクアパッツァなどをワンプレートに少しずつ載せたら見た目も華やかだから満足感も出ますよ。**炭水化物を多少食べたときは、他の食事で栄養をたっぷり足して、リカバリーしてあげるのを忘れないでくださいね。**

ここで、ちょっとひと休み。

白湯か
ちょっとぜいたくに
ハーブティーもいいかも
ひと休み、ひと休み。

case 5

毎日の甘～いカフェラテは生きがい。
やめられない！
やめたくない!!

それほど好きなものを
いきなりやめなくていいよ。
まずは、お砂糖の量や頻度で
調節してみませんか？

ダイエットする前の私は、毎朝、お砂糖を入れた甘〜いカフェラテにパンを1〜2個食べて、「あ〜幸せ。さあ、今日も1日がんばるぞ！」と気合いを入れて出勤していました。

でも、お昼頃にはなんだか疲れて、眠くなり甘いモノがほしくなる。「ハードな仕事だから、疲れやすいんだよね」と思っていましたが、身体が変わった今は、「朝からいきなり血糖値を上げるものを体に入れて、日中はその急なアップダウンの繰り返し。そりゃ疲れるよね」と分かります。

とはいえ、大好きなものをやめるのって、すごくしんどいですよね。**我慢しすぎるとスイッチが入って大人な私がいなくなってしまいます。**

だから、いきなりやめずに、毎日飲んでいるなら「1日おき」にしてみたり、砂糖の量やミルクの量を見直したりすることから始めてみては？

え？ いきなりお砂糖抜くのはイヤ？ そんなときは、使用する甘みの素材を変えたり、次ページの方法を試してみたりしてくださいね。

大切なのは少しずつ チェンジしていくこと！

「甘い飲みもの、どうしてもやめられない！」

ならば、ほんの少しずつから始めればOKです。

まずは 砂糖をチェンジ！

ステビア

ステビアはハーブの一種で低GIでダイエットの強い味方。自然な甘みで甘味料には最適です。

甘い カフェラテ

ルクマパウダー

ルクマは栄養価の高い果実でスーパーフードとして注目されています。甘い香りもするのでスイーツ作りや風味づけにもおすすめです。

こっくりとしたドリンクが飲みたいなら

バターコーヒーにチェンジ

ブラックコーヒーに、質のよいバター10gとココナッツオイルやMCTオイル大さじ1を入れてハンドミキサーで混ぜるとバターコーヒーのできあがり! こっくりしていてダイエット中のおなかも満足します。

甘みのあるドリンクが飲みたいなら

甘みのあるお茶にチェンジ!

ハーブティー

小豆茶

カフェラテの回数を減らして、その分、お茶の甘みを味わってみては? フラワー系のハーブティーや小豆茶《あずきちゃ》などは、ほんのり甘くて癒される味ですよ。

case 6

ダイエット中の自炊って、なんか味気ない……

「とっておきのお皿」を
見つけて、
見た目でも楽しもう!

おうちごはんをするとき、お気に入りのお皿や器はありますか？　もし、食器をなんとなく使ってるなら、雑貨屋さんでとっておきの1枚を見つけたら楽しいかも。

新たなお皿が加わると、毎日の生活に彩りが加わってワクワクします。その1枚に、色彩もちょっとだけ考えてごはんを盛りつけると、見て満足、食べてもっと満足するから、ドカ食い防止にもなりますよ。

私は、ワンプレートに全部のせるのがらくちん。サラダ、チーズやしらす、アボカド、パプリカ、さっと焼いたお肉、玄米などをのせてワンプレートにして盛りつけると、まったく手間がかかってないのにおしゃれに見えるし、**パッと見で自分の食べたものの量とバランスが分かるのでおすすめ。**おまけに、洗い物も少なくすみます。

使う皿も、シンプルゆえに盛りつけレベルの高い白の食器よりは、私はおしゃれな雰囲気にしてくれるデザイン皿や木のプレートに頼ります♡

case 7

飲み物はなるべく
お水にしてるけど
なんかつまんない……

↓

いつもと違うデザインや
質のよいものを探して
気分を上げましょう♪

ダイエット中は、甘い紅茶やジュースなどは控え、ペットボトルの水をバッグにしのばせている人が多いと思います。

でも、コンビニで売っているお水って、なんかいつもの感じ。

なので私は、**買えるときは気分の上がるいつもと違うひと品を選んだり、身につけたりするように工夫しています。**

かわいいマイボトルにハーブティーを入れたり、フィジーウォーターやアムリターラの質のよいお水を持ち歩いたりしています。例えばフィジーウォーターは天然ミネラルとして注目されているシリカ（二酸化ケイ素）が入っていて、その含有量は世界中の他のお水よりも圧倒的に多いので、よく飲んでいます。

質もよくて、見るたびにちょっと嬉しくなるアイテムは、ダイエットや自分磨きの味方になってくれると思いますよ！

case 8

うわ、なにこの坂道。
なにこの満員電車。
テンション下がるわ〜

おっ！ むしろ
エクサイズのチャンスでは!?

歩いていたら、長くて、かなり急な坂道が立ちふさがりました。

こんなとき、どう思いますか？

「うわ～、面倒くさい」

私も、以前はそう思ってました。

でも、今は、

「お、坂道だ。すごい急だからエクササイズもできちゃう」

満員電車で座れなかったときも、そう。

以前なら、「あ～座れなかった！　最寄り駅までけっこう先なのに。あ～あ」とうんざりしたと思いますが、今は、**「座りたかったな～。でも、いいや。〝ながら美容〟できる時間が取れた！」**と思えるようになりました。

自分を大切にする「自分ファースト」の私になってからは、一見、「あ～あ」と思うようなときでも、自分にとってプラスになること、できることを考える習慣が身についてきています。

ながら美容のチャンスは1日中！♪

毎日のストレッチは、通勤途中や仕事中にできる
“ながら美容”なら、ラクラクできちゃいます！

信号待ちでこっそりヒップアップ

図のように、片足を真後ろに引いて、一直線上に立つと、お尻がきたえられてヒップアップに♪ 信号などの待ち時間によくやってます。

通勤電車では骨盤を整える

つま先をできる範囲で開きます（ムリをするとひざを痛めるので注意）。日々の骨盤のズレから下半身が太りやすくなっている方も多いのでこの動作はおすすめ。

デスクの下で太ももマッサージ

500㎖のペットボトルやこぶしを太ももでギュッとはさんで圧をかける。はさむものの位置を変えて、まんべんなくほぐしてみましょう。お手軽マッサージです！

胸を大きく開いてシャンプー

シャンプーするとき、背を丸めてかがむ人は多いかもしれませんが、それをやめて、胸を開いた状態で洗ってみて。普段、内側に丸まりやすい、肩まわりのストレッチになります。

case 9

ファミリーパックのお菓子
一気に食べちゃった。
自己嫌悪……

↓

今日は食べる日だったのね。
こんな日もあるよね。
おいしかったね〜。
で、いいんです。

郵便はがき

お手数ですが
切手を
お貼りください

150-8482

東京都渋谷区恵比寿4-4-9
えびす大黒ビル
ワニブックス 書籍編集部

お買い求めいただいた本のタイトル

本書をお買い上げいただきまして、誠にありがとうございます。
本アンケートにお答えいただけたら幸いです。
ご返信いただいた方の中から、
抽選で毎月5名様に図書カード（1000円分）をプレゼントします。

ご住所 〒

TEL（ - - ）

（ふりがな）
お名前

ご職業

年齢 歳

性別 男・女

いただいたご感想を、新聞広告などに匿名で
使用してもよろしいですか？ （はい・いいえ）

※ご記入いただいた「個人情報」は、許可なく他の目的で使用することはありません。
※いただいたご感想は、一部内容を改変させていただく可能性があります。

●この本をどこでお知りになりましたか?(複数回答可)

1. 書店で実物を見て　　2. 知人にすすめられて
3. テレビで観た(番組名：　　　　　　　　)
4. ラジオで聴いた(番組名：　　　　　　　　)
5. 新聞・雑誌の書評や記事(紙・誌名：　　　　　　　　)
6. インターネットで(具体的に：　　　　　　　　)
7. 新聞広告(　　　　新聞)　　8. その他(　　　　　　　　)

●購入された動機は何ですか?(複数回答可)

1. タイトルにひかれた　　2. テーマに興味をもった
3. 装丁・デザインにひかれた　　4. 広告や書評にひかれた
5. その他(　　　　　　　　)

●この本で特に良かったページはありますか?

[　　　　　　　　]

●最近気になる人や話題はありますか?

[　　　　　　　　]

●この本についてのご意見・ご感想をお書きください。

[　　　　　　　　]

以上となります。ご協力ありがとうございました。

大きなストレスを感じて、ファミリーパックのお菓子を一気に食べちゃったときの罪悪感たるや……。「なんで食べたの！」「今までのがんばりが帳消し！」とできない自分を責めて、責めて、責めまくります。

でも、どんなに予定通りじゃないと思うときも、自分を責めて、否定してもいい結果にはなりません。だから、もし仕事が忙しくてストレスを感じているなら、「今、私、余裕がないんだな」と、その気持ちに気づいて、余裕がないことを認めてみましょう（すると、実はドカ食いしたのではなく、仕事のためにエネルギーをチャージしていることに気づけるかもしれません）。

そんな日こそ自分ファーストで、「今日は中休み。お風呂につかって、ぐっすり寝よう」など自分のペースに戻れるよう工夫をしてみてください。

また、イライラしているのは、キャパオーバーな何かが起こっているのかも。このときも、自分ファーストに戻って64ページにある深呼吸で、体とのつながりを感じるのが助けになるかもしれません。ゆっくり進みましょうね。

ほめグセのコツ！

ネガティブになるときがあってもいいよ

疲れているとき、彼氏とケンカしたとき、仕事が進まないときなど、誰だって凹んでしまうときはあります。ネガティブになるのが自然です。そんなときこそ、自分に寄り添って、優しい言葉をかけられたらいいですね。次ページから、そのヒントになりそうな言葉、あなたがネガティブになってしまうとき、私がそばにいたら、こう声をかける、という例をいくつか考えてみました。

疲れたなあ……

やだ！
老けたかも!?

お疲れさまです！
よくがんばりました。
今日はあったかいお風呂につかって、
ゆっくり休んであげて。

誰だって、年は重ねていきます。
いい年を重ねていけばオッケー。
リラックス、リラックス。

部屋がなかなか片づかない。
私って、だらしないよね

筋トレがキツくて続かない〜

１人でやらなくても、いいんです。
誰かに手伝ってもらいましょう。

すぐにやめましょう。
軽いストレッチや、
ながら美容（P102）に変更してみて。

すぐ落ち込んじゃうんだ……

言わなくても、分かってよ！

大丈夫。思いっきり落ち込んだら
Vの字で回復。
１人でさみしかったら、
あなたが安心できる安全な人に
話を聞いてもらいましょう。

言わずに気持ちが分かったら
怖くありませんか？
分かってほしいことは
言葉にしたり文字にしたほうが確実に
伝わりますよ。

失敗しちゃった

自分が気にしていることを
言われてショック。
ひどい……

え、どの部分ですか？
できてるところまで捨てないであげて。

その悲しみは自然な感情です。

他人ファーストを変えるチャンス！
あなたを大切にしてくれる
安心できる人に会いにいくか、
連絡を取るのもいいかも。

太ってきた気がするなあ

目標を立てても
いつも三日坊主

体重計で事実を確認しましょう。
想定より増えていたら
自分ファーストで再出発です!

3日で気づくなんて、すごいです。
「ほめぐせ」で再スタート!

ほめぐせのコツつかめてきましたか？

うまくいかないな、なかなか思い通りにならないな、私ってダメだなあ。そんなふうに、自分を責めてるのに気づいたときにこそ力を発揮する、ほめぐせ。ムリにポジティブになろうとする必要はありません。ただ、自分ができていることを見つけて、できていることを確認して、それを認めていく。「あ、できてるじゃん」と、それを一つ一つ大切にしていく。そうすると自然に、「私ってできるじゃん、すごいじゃん！」と自然と自分をほめる言葉が出てくるようになります。それが、「ほめぐせ」です。

• Column •

インスタグラムで確認しよう できてる自分・できてた自分

ダイエットをスタートすると、たいてい、しばらくの間は気合が入った状態が続きますよね。

例えば……

- **夜ご飯を、とっても身体が喜びそうなメニューにできた。**
- **間食をナッツにできた。**
- **帰り道に遠回りして、たくさんウォーキングできた。**
- **始めたときより、体脂肪を２％落とすことができた**

この頃の「できた！ できてる！」経験は、この後もし「予定通りできない自分」になったときでも、もう一度「できてる自分」を認められる私に戻るのに、役立つと思います。

そして、その「できた！ できてる！」記録に便利なのがインスタグラムです。ダイエットアカウントなどを作って、できてることを１つずつ載せていきます。すると以前の投稿を振り返って『私、こんなことできてたなぁ』と思い出せるのです。

後から見直しやすいように「#できてる私」などのタグを作ったり、保存機能を使ったりしてもいいかもしれません。

結果が出なかったり、様々な事情で思うように続かなかったりするときは「できてる自分」を見失うこともあります。それでも大丈夫。見失ったら、見つければいいから。何度も何度も見つけてあげてください。それを繰り返していくうちに「できてる自分をみつける」腕が上がっていくと思います。

Chapter 4

毎日をワクワク過ごすための
とっておきの
ちょっとしたアイデア

ほめぐせをマスターすると、毎日の生活でワクワクする機会が増える♪

自分ができてることを見つけて認めていく、それがほめるということです。

「ほめぐせ」ダイエットは、ありのままの自分になっていくことにつながっていきます。ダイエットがうまくいかなかった頃の私は、「野菜中心の生活にしなくちゃいけない」「ドレッシングは控えなきゃいけない」「パンや米なんて食べちゃダメ」と、「〇〇するべからず」を自分の中にたくさん作り、でも食べたくなって、しんどくて限界がきて挫折……というパターンを繰り返していました。やせれば、何もかもうまくいくのに、やせることすらできない。そんないつもの悪循環を繰り返していました。できない自分を責めてばかりいるから、大人な私はボロボロ。リトルさおりもボロボロ。心の状態は、坂道を転がり落ちていく感じでした。

でも、「ほめぐせ」が身についてくると、「子育てもして、仕事もして。私って、なかなかできてるなぁ」とか「落ち込むことも、食べすぎちゃう日もあるけど、毎日、着実に進んでいるなんて、すごいなあ」と自分をほめられることが増えていきました。そのうち本当に完璧じゃなくても幸せなんだなあと実感するようになりました。**いつも追われている感じがなくなって、心に余裕が生まれてきて、自然とワクワクを感じるようになっていきました。** そうなってからは、自然と、どうせ食べるなら、「体によくて、なるべく上質な素材を使っている調味料を使おう、食べるときは彩りも気を付けて視覚でも楽しみたい！」という気持ちになって、食材一つ選ぶのも楽しくなりました。

idea 1

フルーツは、ドライよりフレッシュが好き！

甘くて、ビタミン豊富で、見た目も鮮やか。フルーツは、甘いモノがほしいときの救世主です。フルーツに含まれる自然の甘みは、砂糖よりも強いから、適度な量ならお菓子を食べるよりダイエット向きだと思っています。ちなみに私はフレッシュフルーツを選びます。ドライフルーツは水分量が少ないので、少しだけでは満足しないことが多いです。だからつい、食べすぎちゃうので最初からおなかいっぱいになるフレッシュフルーツを選んでいます。食べて、満足するのが大切です。

意識してみよう！ フルーツの選び方

甘いものがどうしても食べたくなったら、フレッシュなフルーツでお腹を満たしましょう。

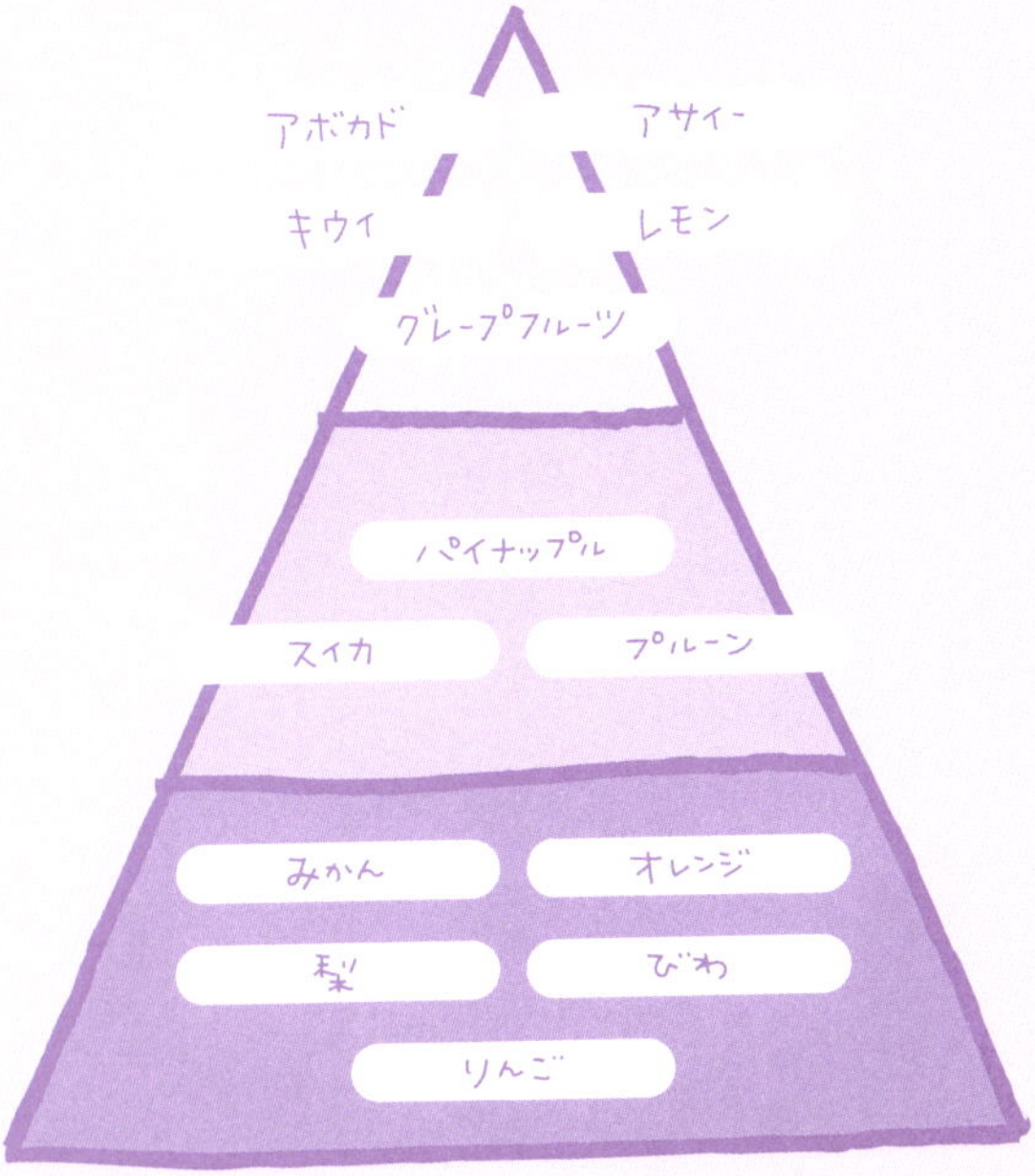

三角形の上にいくほど、私がフルーツの中でも好んで選ぶものたちです。栄養価が高く、食物酵素と呼ばれる酵素も含まれるなど、トータルバランスを考えて優秀なフレッシュフルーツを食べるようにしています。フルーツを選ぶときは、「旬のモノ」も大切。旬のフルーツは、そのとき食べるのが一番おいしく、身体も喜びます。

idea 2

鮮やか野菜は生で食べられるお助けアイテム

毎日の食事では、生野菜サラダをたっぷり食べてます。野菜は、ビタミンやミネラルの他、活性酸素を取り除き、体の免疫力を高めるフィトケミカルも含まれていると言われています。ベジファーストで食べれば、血糖値の急激な上昇も抑えられるそうです。葉物野菜は、より栄養価の高いベビーリーフなど「色の濃いもの」を選んでいます。私は、わさび菜、小松菜、クレソンなども大好きです。パプリカ、カラフルなミニトマトなどの「鮮やか野菜」は、サラダに添えるだけで一気に華やかに。香りや、色や、食感など五感で食事すると満足度は格段に上がります。

idea 3

スイーツ感覚で満足感たっぷりココナッツバターがおすすめ

ココナッツバターは、ココナッツの実（胚乳）を丸ごと砕いてすりつぶしたもの。ココナッツオイルより、食物繊維、たんぱく質、酵素、ビタミンなど栄養素が豊富と言われています。バターみたいに濃厚で、自然の甘みもしっかり感じられるから、ダイエット中に大活躍！ コーヒーに溶かしたり、80ページにあるようにナッツと固めてスイーツ風に食べるのがお気に入り。胚乳を長時間ローストしたココナッツチャンクも、おやつ代わりにおすすめ。満足感、満腹感を得られて幸せな気持ちに♪

idea 4

質のよいオイル生活を始めませんか？

サラダを食べるときは、シンプルな味つけにすることが多いです。ノンオイルで食べるより、オイルで食べるほうが栄養の吸収率は何倍にもなるそう。だから私はおいしいお塩＋上質なオリーブオイルの超お手軽ドレッシングにしています。野菜に混ぜるだけで、シンプルなのに、とにかくおいしい！ 少し高いオイルでも、質のよいものは身体をキレイにしてくれるから。未来の身体のためにプチ投資です。

おいしいオイルは高いって
ホントかな？

オーガニックのもの、収穫から３時間以内の新鮮なオリーブの実を絞ったもの……。上質なオリーブオイルは、１本2,000～3,000円ぐらい。少し高い？ って思うときもあるけど、ちょっと考えてみました。

もしもコーヒーショップでフラペチーノとケーキを買えば約900円。フラペチーノとケーキはそのときになくなってしまいますが、オリーブオイルは毎日使っても２週間ほど持ちますよね。１日で換算すると、2,500円のオイルなら約190円。だから私は、良質なオリーブオイルを買って使っています。

フラペチーノM	約500円
ケーキ	約400円
合計	900円

このオイルがおすすめ!

私が、実際に使って「いい!」と思ったオイルです。
品質がいいのはもちろん、
パッケージもかわいくて使うたびにうきうきします。

カスティージョ・デ・カネナ ファミリーレゼルブ ピクアル種

スペインのカスティージョ・デ・カネナ社が手がけるオーガニックのバージンオイル。鮮度がよくほどよい苦味とフルーティさがおいしい!

250mℓ/¥1,900/ユーロパス 075-706-9228

カスティージョ・デ・カネナ 冷燻オリーブオイル アルベキーナ種

収穫後4時間以内に搾った早摘みのアルベキーナ種に、長時間かけて燻製香を加えた逸品! カルパッチョやサラダにそのままかけて。

250mℓ/¥2,700/ユーロパス 075-706-9228

PODOR
マカダミアナッツオイル

100％天然原料を使用した、ナッツの香ばしさが感じられるマカダミアナッツオイル。熱に強いので、炒め物などにもぴったりです。

91g／¥3,200／味とサイエンス
0120-523-524

MIRA
エキストラバージンアボカドオイル（アンデアンスター）

南米エクアドル産アボカドを使ったエキストラバージンオイル。栄養価も高く、星型のアボカドの葉も入っていて、サラダにかけると最高にかわいい！

225g／¥2,400／味とサイエンス
0120-523-524

マルホン
太香胡麻油

1725年創業の竹本油脂のごま油は、ふくよかな香り、まろやかな風味が特長です。熱に強いので炒めてもOK。そのままお豆腐にかけても香ばしいですよ。

450g／¥860／竹本油脂 0120-77-1150

Coconati
ココナッツオイル

オーガニック認証を受けているココナッツオイル。免疫力を高めてくれるラウリン酸が全体の50％以上入っています。他のココナッツオイルの製品と比べても栄養価が高い！

200㎖／¥1,400／アビオス 0120-441-831

※価格はすべて税抜です。

idea 5

カレー粉で超簡単、絶品カレー作れます!

カレールウは、油と小麦粉が大半なのでダイエット中は減らしたい。でもカレー粉なら気にしなくても大丈夫! めんどくさがりやの人にはむしろおすすめ。しょうがとにんにくのみじん切りを少量のオリーブオイルで炒めて、玉ねぎ半玉とエノキ半株みじん切り、さいの目に切ったナス1本など冷蔵庫にある残りものの野菜を切って、しんなりするまで炒めます。水100㎖と、カレー粉大さじ2、ウスターソースか中濃ソース大さじ2、ケチャップ大さじ3、顆粒コンソメ小さじ2を入れて少し煮れば完成。

焼くだけ!
タンドリーチキン

材料

手羽元 …… 10本
カレー粉 …… 大さじ1.5
オリーブオイル …… 大さじ1
にんにくすりおろし …… 小さじ1～適量
塩 …… 小さじ2
しょうゆ …… 小さじ1
黒こしょう …… 適量

作り方

1. 調味料をすべて混ぜてタレを作り、手羽元を漬けて冷蔵庫で10～15分。
2. 200度に予熱したオーブンで1を30分焼くだけ。お好みで野菜を添えて!

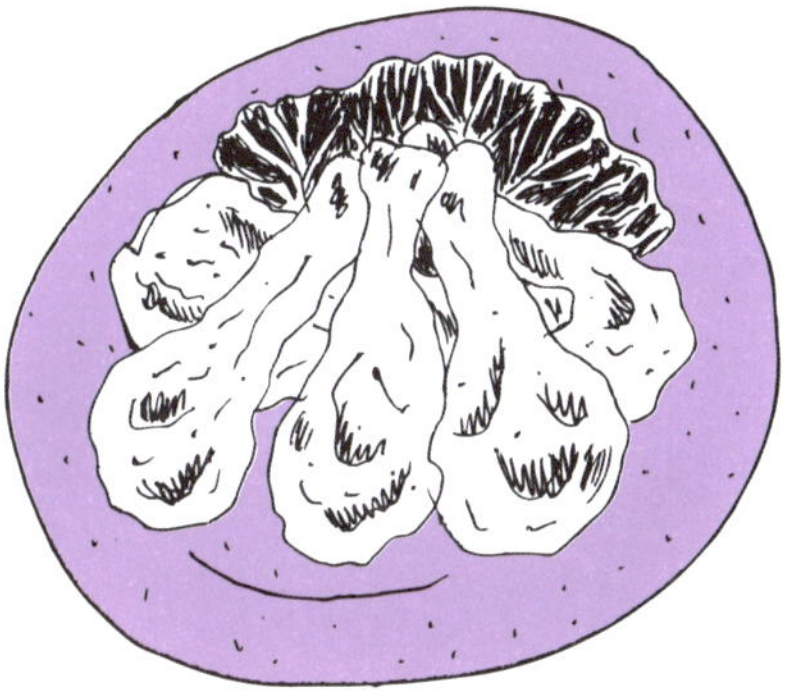

カレー風味の
ポテトサラダ

材料

じゃがいも …… 中3個
鶏ひき肉 …… 100g
ブロッコリースプラウト …… 適量
オクラ …… 3本（きゅうりでも可）
にんじん …… 2/3本
カレー粉 …… 大さじ1、小さじ1（炒めるとき）
塩 …… 適量
マヨネーズ …… 大さじ1
オイル …… 適量

作り方

1. 野菜を細めにカットして、じゃがいもをゆでておきます。
2. フライパンでオイルを熱し、ひき肉にカレー粉小さじ1、塩少々を加えて炒めます。
3. 1・2をボールに入れてマヨネーズ、カレー粉大さじ1、塩少々を加えて混ぜれば完成。お好みでブロッコリースプラウトやきゅうりを添えて。

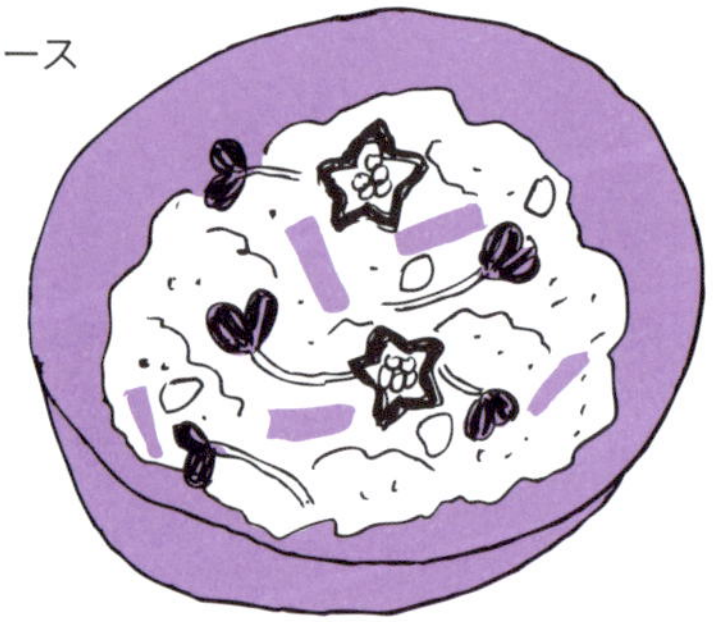

この調味料があると料理したくなる！

オイル以外の、私のおすすめ調味料です！
質のよいもので、身体へのプチ投資。

ゾネントア オーガニック ミックスペッパー

4種を混ぜたカラフルなペッパー。ミルタイプで香りのよさは抜群。

30g／¥1,300／おもちゃ箱
03-3759-3479

ゾネントア カレー（甘・粉末）

深いスパイスの風味＆マイルドな口当たり。家族も大好きです

35g／¥700／おもちゃ箱
03-3759-3479

自然栽培みそ 未来

自然栽培の原料だけを使ったおみそ。ダシがなくてもおいしい！

400g／¥1,140／マルカワみそ
0778-27-2111

有機三州味醂

国産有機米のみで作られる本格みりん。我が家の定番です。

500㎖／¥1,040／角谷文治郎商店 0566-41-0748

ゲランドの塩（顆粒）Box入り

フランス・ブルターニュ地方、ゲランドの塩田からとれるお塩です。

250g／¥780／アクアメール
046-877-5051

ぬちまーす

一般の食塩より25％塩分が少なく、21種類ものミネラルを含有。

111g／¥500／ぬちまーす
098-983-1140

※価格はすべて税抜です。

idea 6

オンするだけで即食べられるモノを賢くストック

冷蔵庫の中にぎっしりストックしていると、「食べなきゃ」という気持ちが働くのが自然です。ダイエットするなら「冷蔵庫もなるべくすっきり」。できる範囲でこまめに買い物に歩いて行くと軽い運動にも。それから！冷蔵庫には、葉物野菜、チーズ、しらすなど、お皿にそのままオンするだけで食べられるモノもストックすると簡単に自炊できます。ゆるゆるな私は手抜き上手になっていってます（笑）。

すぐに食べられるものをストック！
我が家の冷蔵庫

idea 7

ワンプレート自炊ランチは手抜きごはんなのにわくわくごはん

インスタやブログでごはんの写真をアップすると、「見た目もおしゃれで、おいしそう」とコメントいただくことがありますが、実は、5分もしないでできる“手抜きごはん”のときがあります。例えば、ある日のランチプレートは、たっぷりの葉物野菜と、そのそばに、しらすやチーズ、パプリカ、アボカドなどをオン。そして豚肉をさっと茹でて塩をかけてのせる。以上。ホントに簡単なんです。でも、ワンプレートにかわいく並べれば、おしゃれな“満足プレート”に変身！ 私の手抜き＝簡単シンプル!!

こんなに簡単なんです

ある日の

ワンプレート自炊ランチメニュー

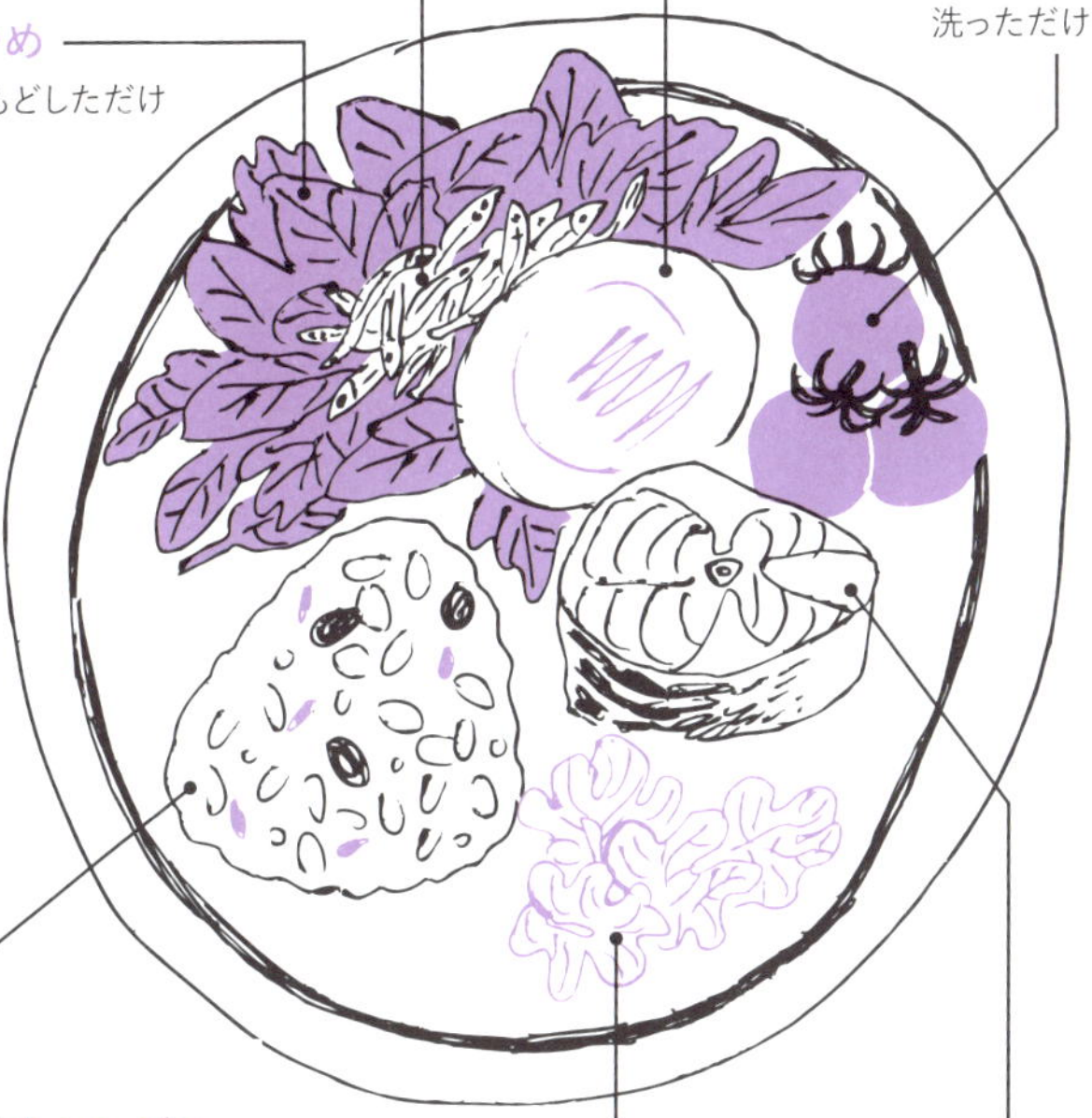

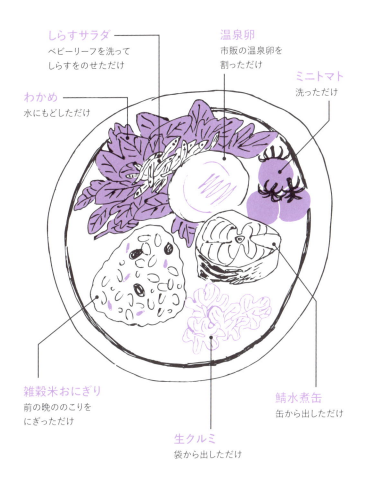

idea 8

お気に入りの「お守りフレグランス」を見つけよう

私は香りで、気持ちが和らいだり、元気になったりすることがあります。嗅覚を通して自律神経に働きかける香りのパワーはあなどれないそうです。私のお気に入りは、吹きかけるのではなく、肌に直接つけられるロールオンタイプの香水。仕事の合間に、ポーチから出してさっと塗れるから、気分転換したいときに活躍します。アロマオイルも大好きです。マスクやハンカチにお気に入りのアロマオイルを数滴たらして出かけると、疲れたとき、イラッとしたときのお守り代わりになりますよ。

お気に入りの香りを味方につけて

「いい香り」に囲まれてリラックスしていると、
ドカ食いからも距離を置けるようになっていきます！

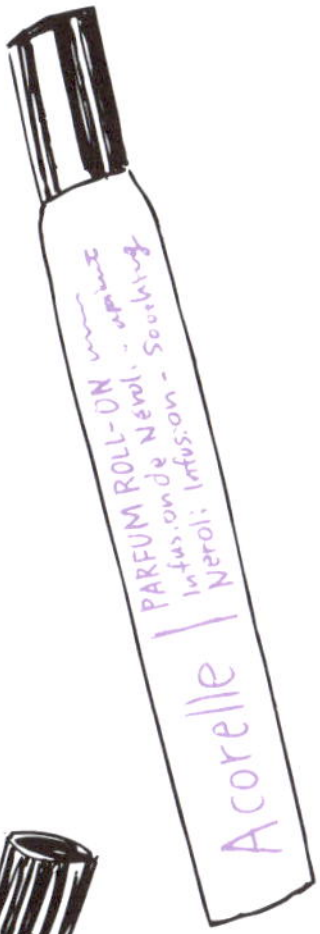

アコレル ミステリアスローズ ロールオン

100％天然のエッセンシャルオイルミステリアスローズは、ローズとゼラニウムの甘くてさりげない香りが心を落ち着かせてくれます。仕事の合間にほっとしたいとき、さっと取り出して付けています。

10㎖／¥1,900／おもちゃ箱 03-3759-3479

アロマオイルはやっぱり万能

リラックスのお供にラベンダー、ストレスを感じたらフランキンセンスなど、アロマオイルは、香りを楽しみ、癒されながら気持ちを切り替えられる優秀アイテム。

華密恋（カミツレン）薬用入浴剤

ほのかに甘いカモミールの自然な香りで癒しバスタイム。国内で有機肥料で栽培し、独自の非加熱製法で抽出したカミツレエキス100％の薬用入浴剤は、体を芯から温めてくれます！

400㎖／¥2,200／カミツレ研究所 0120-57-8320

※価格はすべて税抜です。

ワクワクするために
努力してませんか？

ゆるゆるを
目指していくと
じんわりと
ワクワクしてきます。
自然な感じで。

Column

食を変えようとしたら人生がまるごと好転した！

私は、妊娠を機に、食生活を見直すようになりました。

原材料表示をチェックして食品添加物をなるべく含まない食材を選ぶ、毎日使うオリーブオイルはいいものを買う、五色（葉物野菜などの緑、トマトなどの赤・紫、にんじんなどの黄・橙、大根や玉ねぎなどの白、海苔、ひじきなどの黒）の食材をなるべく取り入れるなど、質のいい食事を心がけました。

また、コンビニでお菓子やケーキを買いそうになった日は、「グッとこらえられたら、美容貯金」として500円ずつ貯金し、貯まったお金でほしかった美容アイテムを買ったり。

食生活を見直し、そのために貯金する工夫をしたら、それも、ダイエットを続ける自信につながっていきました。5年後、10年後も、健康的で美しく、なりたい自分でいたいと強く思いました。そういったものをたくさんの人にもっと知ってほしいと立ち上げたのが、『サオリマルシェ』という私のセレクトショップ。その想いは、今も変わりません。

Chapter 5

なりたい自分になる！「ほめぐせ」ワーク

あなたが、あなたらしくいるために。

「ほめぐせ」ワーク

「ほめぐせ」がついて、自分ができることを見つけて認めていけるようになると、ダイエットが続き、毎日が、より楽になっていきます。

私自身、ほめぐせを始めた頃は、ずっとダメ出しばかりしていた自分を、どう認めていいのか本当に分かりませんでした。「えらいね」「すごいね」とつぶやいてみても、「全然、できてない」「ちっとも、すごくない」「それって、ごまかしてるだけ。結局、やせてない私なんだからダメじゃん！」と猛反発。私にとって、「自分を認める作業」は、すごく難しいことでした。

みなさんの中にも、どう自分ができていることを見つけていくのか分からない人もいると思います。**そこで最後の章では、自分を紐解き、自分に優しい言葉をかけられるようになる、書き込み式の「ほめぐせ」ワークをご紹介します。**

自分のことを紐解くといっても、堅苦しいものではありません。

あなたがやってみたいこと、これが叶ったら素敵だな！と思うことを、どんどんピックアップすることから始める楽しいワークです。そのうえで、自分自身を認めてくれそうな安全な人を洗い出し、その人だったらどんな言葉をかけてくれるか考えていく。そんなワークです。

このワークは、もともと年始に1年間の目標設定のためにやりたいことを書き出していたリストをベースに、カウンセリングの中で、私らしくなっていくプロセスを振り返った私の経験から作ったワークです。今でも、これからやりたいことを考えるときにこのワークを使って確認することもあります。

さっそく次のページから、始めてみてください。

About This Work

「ほめぐせ」ワーク 3つのステップ

STEP 1

自分が望んでいることをリストアップ

まずは、「やりたいこと」を書き出します。その数、100個♡「書けるわけない!」って? もちろん、絶対100個じゃありません。でもね、書いてるうちに、思いもよらない「やりたいこと」が出てくるかも!?

STEP 2

自分にとって安心・安全な人をみつけてみよう

身近な人の中で、あなたにとって安心安全な人を見つけましょう。その人ならどんな言葉をかけてくれるか考えます。これが、「ほめぐせ」の種になります。意外にも、それは「近すぎない、でも遠くない」人かも。

STEP 3

1年後の自分、どれくらいできるようになるか書いてみて

「ほめぐせ」のコツがつかめたら、「1年後の自分」がどうなっているのか書き出してみましょう。遠慮せずに、イメージしてみてください。

↘ 「ほめぐせ」ワークで、「私らしく」生きていこう!

自分が望んでいることをリストアップ

私って、こんな自分になりたくて
あんなことも経験してみたいんだ。
それに気づきましょう。
自分の望んでいることをありのまま書き出してみよう！
そこから始めてみてください。

やりたいこと、なあに?
100個書き出してみよう!

私がやりたいこと、体験したいことって何だろう? 私が興味のあることって何だろう? 私が好きなことって何だろう? 次ページからのジャンルや具体例を参考に、まずは、自分がしたいこと、行きたい場所、望んでいるもの、ほしいもの。やりたいことをあげていきましょう!

「やりたいこと100」は、
遠慮せずに書いてOK!

- 「あのモデルさんのように、キレイでイキイキとした毎日を送る!」とか、「テレビに出たい」とか「世界中を旅する」とか、いつもの自分だったら、「どうせムリ」と思うこと、恥ずかしくて普段言えないような夢や希望も、思いつくままに自由に書いてみましょう!
- もちろん、100個を絶対に書かなきゃいけないわけではありません。
- 「目標シート」ではないので、書いたら達成しなければならないわけでもありません。
- 「やりたくないこと」「やめたいこと」は、やめてどうするかを書いてみてください(例「甘いカフェラテをやめたい」→「いろんなハーブティーを試してみる!」)。

趣味

・月に〇本以上は映画をみたい

ダイエット

・お尻のラインをひき上げたい

美容

・生理前の肌アレを改善したい

恋愛

友達

・共通の趣味があるコミュニティをつくる

仕事

季節のイベント

・花見　・もみじがり

・海

学びたいこと

・筋肉や身体のつくり

家族・子育て

・息子がやりたい習い事をはじめる

ほしいもの

・マッサージチェア

行きたいところ

・台湾

増やしたい習慣

・早起きして読書

着たい服

・デニムをかっこよくはきたい

料理教室に行く！

毎晩23時にベッドに入る。

ジョギング習慣をつける。

花柄のワンピースを買う！

インスタグラムをはじめる。

チームリーダーになる。

世界一周旅行に行くぞ↗

自分にとって安心・安全な人をみつけてみよう

ここでは、少しずつ自分をほめることが
できるようになるためのワークをお伝えします。
あなたのことを受け入れてくれている人は誰でしょうか？
その人は、あなたにとって安心安全な人でしょうか？
その人だったらあなたにどんな言葉を
かけてくれるか考えてみてください。

自分の身のまわりの人を見渡してみよう

「今のあなた」を受け入れてくれる人だったら、あなたが、「甘いものがガマンできない!」「ダイエットが全然できない」などの自分に否定的な気持ちを伝えたら、どんな優しい言葉をかけてくれると思いますか? 一緒に考えていきましょう。

❶ 両親、友達、彼氏、祖父母、近所の人……。あなたを受け入れてくれている人は、誰ですか?

❷ ❶の人が、「人としてのあなた」と、「やりたいことをしようとしているあなた」をどれだけ受け入れてくれているか、左ページの図の「%」にあてはめていきます。

❸ 例えば友達は、「人としてのあなた」を100%近く受け入れてくれているけど、「ダイエットしたいんだ」と「やりたいことをしようとしているあなた」の話をすると「必要ないよ」と受け入れない。だから30%ぐらいかな? と判定したとします。

❹ ❸のように、双方の「%」に開きがある人ではなく、どちらも、同じぐらいの「%」で、かつ、80%以上の人がいないか見つけていきます。

❺ 例えば、おばあさんなど、「身近だけど、いつも会う人ではない」場合、どちらも手放しで受け入れてくれたり、応援してくれる可能性があります。あるいは、小さな頃から知る近所のおばさんなどもその可能性があります。

※「人としてのあなた」と「やりたいことをしようとしているあなた」の「%」に開きがある人が、あなたと合わない人というわけではありません。反対に、「%」がどちらも高ければいいというわけでもありません。あくまでも、「あなたのそのままを80%以上受け入れて、尊重してくれる人」を探すためのワークです。

P154の❶で身のまわりに見つからなかった方へ

1 あなたが今までがんばってきたことはありますか？
それは、どんなことですか？

（例）
バイトリーダーになった、つらい仕事をあきらめなかった、
資格を取った、部活を続けた　など

2 そのがんばっていたことを受け入れてくれている人はいますか？

YES　・　NO

YESの方

それは、誰ですか？

➡P154の❷へ

それでも「No」だったあなたへ

今、「誰も、自分のことを受け入れてくれない」と思っているなら、これ以上、ムリして誰かを探す必要はありません。

かつての私も、「誰も、ありのままの自分を受け入れてくれない」と思っていました。そんなとき、プロのカウンセラーに出会い、私がありのままの自分に寄り添うサポートをしてもらったんです。ですから、そんなサポートのプロフェッショナルに自分の思いや経験を話してみることから始めてもいいかもしれません。あるいは、誰かに伝えたり、関係や状況が変わることで「あの人は、私を受け入れてくれる人だ」と気づくかもしれません。そのときはまた、このワークを再開してみてください。

ダイエット中、こんなとき「つらい!」を書き出してみましょう

ここでは、P155で「人としてのあなた」と「やりたいことをしようとしているあなた」ともに「%」が高かった人が、あなたが「つらい!」ときにどんな言葉をかけてくれそうか、考えていきます。

- 食べすぎちゃった!
- 生理前でイライラする
- 甘いモノがやめられない

あなたになんて言ってくれるかな？
実際に聞いてみて書いてください。
聞けない場合は、どんなことを言ってくれるか
想像して書けばOK！

・あら、この1食くらい、いいんじゃないの～

・今日は、ゆっくりお風呂に入ってはやく寝ちゃいなさいな

・食べたいときは仕方ないわよ。

⇦ 書いてみたら、次ページに進んでください

この言葉たちは、自分を責めているものです。
必要以上に自分を責めたり我慢させたりしてないですか？

・食べすぎちゃった！

・生理前でイライラする

・甘いモノがやめられない

自分はこう思ってるんだなあ、と自分自身に感じさせてあげましょう。

そして、「そう感じているんだね」「それでOKだよ」と、優しく声をかけてあげましょう。

受け入れてくれてる人がかけてくれそうな、この言葉こそが「ほめぐせ」の種なのです。

それを自分に使っていけるようにするのが「ほめぐせ」です。

・あら、この1食くらい、いいんじゃないの～ ←

ほめぐせ　食べても大丈夫。他でリカバリーしていこう。

・今日は、ゆっくりお風呂に入ってはやく寝ちゃいなさいな ←

ほめぐせ　イライラしても大丈夫。ゆっくり休んでね。

・食べたいときは仕方ないわよ。 ←

ほめぐせ　責めなくてもいいよ。リトル自分と相談して2人が満足する食べ方にしていこう。

この「ほめぐせ」はもちろんダイエットだけではありません。いつだってそう。今日からこうやって、自分に優しい言葉を使っていきましょう。

この言葉がいつもあなたを前に進めてくれる大切な言葉になっていくと思います。

「ほめグセ」のコツは、伝わりましたか？
「自分のことを責めてる！」と気づいたら、
このワークで見つけた「あの人」なら
どんなことを言ってくれるか想像してみましょう。
「大丈夫だよ」「大変だったね」
「がんばったね」「できてるじゃない」……。
今日からは、毎日の生活の中で、
その言葉を参考に、自分で自分に優しい言葉を
なるべくたくさんかけてあげましょう！

1年後の自分、どれくらいできるようになるか書いてみて

自分に寄り添い、
ほめる「ほめぐせ」ができるようになってきたら、
１年後どんなことができてるようになっていたいか
具体的に考えていきます。
あれもできてる、これもできてるを
増やしていってください。

1年後の私。どれくらいできるようになっていたい？

自分で自分に優しい言葉をかけるイメージができたら、「1年後の私」を想像していきます。このとき、一度、STEP1であげた「やりたいこと100個」を振り返ってみてください。

「ほめぐせ」が付くと、自分で自分を認められるようになり、自分を大切にするようになっていると思います。そういう自分になると、これまで「他人の目」を気にして、あれしたい、これしたいと思っていた「やりたいこと」が、もしかしたら実は「そうでなくてもいいこと」になっているかもしれません。

例えば、「（みんなの目があるから）イケメンの彼氏がほしい」→「一緒にいて安心できる彼氏がほしい」、「（友達のあの子よりスタイルがよくないから）やせたい」→「毎日を気分よくすごせる、ベストな身体でいたい」という風に、「人と比べた自分」はいったん置いておき、自分が本当はどうしたいのか、どのような自分でいたいのかを確認していきましょう。

「ほめぐせ」が付いた私だからこそ、「よりあなたらしく」に一歩ずつ、より近づいていけると思います！

・体型はどうなっていたい？

・髪型はどうしたい？

・ファッションはどうしたい？

・メイクはどうしたい？

リトル自分も
喜べる内容ですか？
確認しながら
書き進めてくださいね。

- 体調はどうなっていたい？

- メンタルの調子はどうなっていたい？

- どんな部屋に住んでいたい？

- 仕事はどうしたい？

- プライベート（恋愛・家庭）はどうしたい？

「ほめぐせ」ワークは、私が、私らしく生きるためのヒントになる！

ここまでお伝えしてきた「ほめぐせ」ワークは、自分で自分のできているることを認められるようになり、自分が「どんな自分でありたいのか」を見つけることができる、その手助けになるものです。

これは言い換えれば、「私らしく生きる」きっかけになるワークだと思っています。

例えば、かつての私は、いつもまわりと比べては自分の見た目を責めて、「とにかくやせたい」と思っていました。だけど、「ほめぐせ」が身につくにつれ、誰かの目よりも、「私自身がどうしたいのか」と自分自身の声が聞けるようになり、「健康的にやせて、好きな服を着て、母としても女性としても輝いていきたい」と思うようになりました。今の自分も、これから先の自分も、どうしたいのか、その声を聞けるようになったり、一つ一つ続けられるようになったのです。「ほめぐせ」は、あなたらしくいるためのスキルなのです！

「ほめぐせ」で、ダイエットを続けられるようになって――。
私は、毎日を今まで以上に
楽しくすごせるようになりました。

できてる自分を見つけるのが上手になっていくと、
野菜一つ、お肉一つ選ぶのも、なんだか楽しくなったり。
なんでもない日常でも、嬉しいことや、
楽しいことを見つけられることがうんと増えました。

今まで、できるわけない、似合うわけないと
思っていたものにも挑戦し、
それが手が届かないことならば、
〝どうしたらできるようになるかな？〟と考えてみたり。

あの頃は、誰かの意見やまわりの空気に合わせていつも他人ファースト。
今は、レストランを決めるときも、
「有機野菜を使ったヘルシーなお店に行ってみない？」って
自分から提案できるようになったり。

自分のリズムで過ごせるようになってくると、リトルさおりも楽しそう。
もちろん、「疲れたよ〜！」「食べたいよ〜」って言ってくるときはあるけど、
それは自然なこと。まずは彼女の声に耳を傾けます。
「疲れたね〜。そりゃ、イヤになっちゃうよね〜」って。
そして、こんなふうに声をかけています。
「大丈夫だよ」「ゆっくりしようか」「何食べたい？」

最初は、「ほめぐせ」とか意識してなかったし、習慣にしようとしていませんでした。
ただ一つ一つ、一生懸命やってきただけです。
振り返るとほめることが習慣になっていて、
私はそれを「ほめぐせ」と言うようになりました。
みなさんも一つ一つ始めてみませんか？

おわりに

やせたら、人生が変わったね——。

そんなふうにたくさんの人に言ってもらえますが、ちょっと違うんです。

本書でお伝えしてきた「ほめぐせ」が身について、自分を大切にするようになった。だから、ダイエットが続いて、人生も変わった。

私は、そう思っています。

「ほめぐせ」が身についてくると、絶好調の自分も、余裕がなくて絶不調の自分も、どんなときも、全部、全部、そのままの私でいていいことに気づきました。そのままの私を見つけて大切にするようになって、一歩ずつ前に歩み出せるようになりました。

「自分のここが嫌い!!」が多い人、まずは、「そう思っているんだね」って、自分に寄り添ってみてください。そして、いつも我慢して、苦しんでいるリトル自分がいたら、見つけて声をかけてあげてほしいんです。「今まで気づかなくてごめんね。もう大丈夫だよ」と。

がんばってダイエットして、あれはダメ、これもダメって、制限ばかりして苦しい思いをしてきた人こそ、できてることを確認し、自分にそっと寄り添ってみてほしいのです。

自分に寄り添う「ほめぐせ」が付くと、ダイエットがなかなかうまくいかないときの自分でも最低とは思わなくなります。カラダやココロの声に耳を傾けながらダイエットできるので、少しずつ、でも確実にやせることができるのです。

そんなつらくない、ゆるゆると続けられるダイエットで、自然とワクワクした気持ちで一つ一つやっていける日々を過ごせるようになりました。

私は自分自身といい付き合い方ができるようになり、まわりとの関わり方も大きく変わったんです。私も相手も、「自分ファースト」。価値観や常識を押しつけず、尊重し合える関係がとても増えました。それは、私は私で、イヤなことはイヤと伝えられるようにもなったから。

一つ一つがダイエットだけでなく私の人生も大きく変化させ、たくさんの方にこういった形でお伝えさせてもらえる機会もいただきました。本書が、あなたが「あなたらしい一歩」を進み続けられるよりどころになったら、嬉しいです。あなたが、「なりたい自分」を見つけて、そこに向かって日々近づいていくことを心から願っています。

私が一番大切にしていることや、みなさまに伝えたかった想いに共感し、カタチにしてくれたワニブックスの吉本さんほか制作チームのみなさん。私とリトル自分を出会わせてくれ、ありのままの私でいることをサポートしてくれたプロカウンセラーの池内秀行さん。また日々、毎日をともに一歩ずつ歩んでいく仲間、そして私の元気の源である家族、友人たち、私の発信に耳を傾けてくれる方々、最後まで読んでくださったあなたに。

心より感謝を込めて。

2017年5月吉日　本島《もとじま》彩帆里《さおり》

Staff

構成	三浦たまみ
装丁	木村由香利(NILSON)
イラスト	yamyam
撮影	BOCO
スタイリスト	福永いずみ
ヘアメイク	遊佐こころ
スペシャルサンクス	池内秀行(Heart and Holistic Consulting)
校正	玄冬書林、深澤晴彦
編集	高木沙織
編集統括	吉本光里＋八代真依(ワニブックス)

がんばれない私を180度変える

やせる #ほめぐせ

著者　本島彩帆里

2017年5月31日　初版発行
2017年7月1日　2版発行

発行者　横内正昭
編集人　青柳有紀

発行所　株式会社ワニブックス
〒150-8482
東京都渋谷区恵比寿4-4-9　えびす大黒ビル
電話　03-5449-2711(代表)
03-5449-2716(編集部)
ワニブックスHP　http://www.wani.co.jp/
WANI BOOKOUT　http://www.wanibookout.com/

印刷所　美松堂
製本所　ナショナル製本

ISBN 978-4-8470-9572-6